Der große Ensslin Naturführer

Tiere und Pflanzen in Wald, Wiese, Hecke und Teich

Bärbel Oftring

Illustrationen von Viola Beyer und Svenja Doering

ENSSLIN

Inhalt

Inhalt

Entdecke den Frühling!

Winter ade! Mit den ersten wärmenden Sonnenstrahlen erwacht die Natur aus ihrem langen Schlaf. Überall regt sich neues Leben. Bunte Blüten öffnen sich und der Gesang der Vögel erfüllt die Luft. Jetzt ist der Frühling endlich da!

Aufgewacht!

Im März künden die ersten Blumen im Garten und auf dem Waldboden den Beginn des Frühlings an. Meisen singen in Gärten und Parks und die Amseln beginnen mit dem Bau ihrer Nester.

Im April beherrscht die Farbe Gelb die Natur. Auf den Wiesen blühen zartgelbe Schlüsselblumen, später dann der kräftig gelbe Löwenzahn. Die blühenden Apfelbäume setzen mit ihrem üppigen Blütenkleid weiße Farbtupfer.

Im Mai können die Nächte noch frostig oder schon sehr sommerlich sein. Völlig unabhängig von der Witterung entfalten die letzten Bäume nun aber ihre Blätter und zeigen sich bis zum Herbst im grünen Gewand.

Im Frühling triffst du überall wieder auf Tiere: Die Zugvögel kehren nach und nach aus dem Süden zurück, Eidechsen, Schlangen, Igel und Fledermäuse erwachen aus ihrem langen Winterschlaf und viele Marienkäfer und Schmetterlinge erscheinen.

Frühlingszeit

Frisches, saftiges Grün und die ersten bunten Blumen und Blüten machen nach dem langen Winter richtig Lust, die Natur mit allen ihren Wundern zu entdecken.

Frühling bei den Astronomen

Im Frühling werden die Tage länger und die Nächte kürzer. Für die Astronomen, die Sternenforscher, beginnt der Frühling dann, wenn der Tag genauso lang ist wie die Nacht: Am 21. März dauern Tag und Nacht jeweils zwölf Stunden. Der Frühling endet mit der Sommersonnenwende am 21. Juni.

Frühling bei den Wetterforschern

Für die Meteorologen, das sind die Wetterforscher, beginnt der Frühling jedoch schon einige Zeit früher, nämlich am 1. März. Und er endet auch eher: am 31. Mai.

Regenbogenzeit

Einen Regenbogen zu beobachten, gehört sicher zu den schönsten Erlebnissen im Frühling. Im April hast du gute Chancen, einen (oder sogar mehrere) zu sehen. Ein Regenbogen entsteht, wenn die Wolken während eines Regengusses aufreißen und Sonnenstrahlen durchlassen. An den kleinen Regentröpfchen in der Luft bricht sich das weiße Sonnenlicht. Es wird in die Farben des Regenbogens zerlegt, an der Außenseite erscheint das Rot, an der Innenseite das Violett. Manchmal entdeckst du über dem Regenbogen noch einen zweiten, der viel schwächer ist.

Dann werden die Sonnenstrahlen von den Wassertröpfchen in der Luft zweimal reflektiert. Achte auf die Farben, sie sind beim zweiten Regenbogen umgekehrt: Das Rot erscheint innen, das Violett außen.

Am anderen Ende der Welt

März, April und Mai sind unsere Frühlingsmonate. Auf der Südhalbkugel der Erde hingegen herrscht Frühling, wenn bei uns Herbst ist – von September bis November. Warum ist das so? Von März bis August ist die Nordhalbkugel, auf der wir uns befinden, der Sonne zugewandt. Von September bis Februar bekommt die Südhalbkugel mehr Sonne ab.

Am Äquator gibt es übrigens keine Jahreszeiten wie Frühling, Sommer, Herbst und Winter. Dort gibt es nur Zeiten mit mehr oder weniger Regen, die Regen- und die Trockenzeiten.

Augen auf!

Frühlingswetter

Das Frühlingswetter ist voller Gegensätze: Klirrend kalte Frostnächte oder Tage mit Schneegestöber wechseln sich ab mit sommerlich heißen Tagen und Badewetter.

Märztage

Sonnige Märztage sind häufig mild, da die starken Sonnenstrahlen die bodennahe Luft jetzt wieder erwärmen. Gegen Ende des Monats kannst du dir sogar schon einen ersten Sonnenbrand holen, denn deine Haut ist nach den langen Wintermonaten noch sehr empfindlich. Schütze sie deshalb mit einer Sonnenschutzcreme oder durch eine schattenwerfende Kappe, wenn du viel draußen bist.

Aprilwetter

Im April ist das Wetter wechselhaft und launisch – Tage mit Sonnenschein und Regen im stündlichen Wechsel kommen häufig vor. Das liegt daran, dass nördlich von uns noch winterliche Temperaturen herrschen. Treffen kalte Nordwinde auf das von der Sonne schon erwärmte Land, bilden sich mächtige Schauerwolken. Sie bringen bei heftigen Winden starke Regenfälle, sogar während die Sonne scheint.

Warum schneit es bei Plus-Graden?

Vielleicht hast du dich schon einmal darüber gewundert, dass es schneit, und das obwohl dein Thermometer +4 oder +5 Grad Celsius anzeigt. Im März und April kann dies an Tagen mit trockener Luft geschehen. Denn dann umhüllt ein dünner Wasserfilm jede einzelne Schneeflocke. Wenn das Wasser verdunstet, entsteht Kälte und so wird die Schneeflocke gekühlt und schmilzt trotz der Plus-Grade nicht. Schneit es jedoch längere Zeit, wird die Luft immer feuchter und die Temperatur sinkt auf Werte um den Gefrierpunkt von 0 Grad Celsius. Hast du schon einmal gespürt, dass du zu frieren beginnst, wenn du nass aus der Badewanne steigst? Auch das liegt an der Verdunstungskälte. Wasser benötigt Energie, um zu verdunsten – und diese Energie holt

es sich in Form von Wärme aus deinem Körper. Aus demselben Grund wird dir auch schneller kalt, wenn du nasse Kleidung oder feuchte Schuhe trägst.

Augen auf!

Die Eisheiligen

Im April und Mai fürchten besonders Bauern und Gärtner plötzliche Kälteeinbrüche. Denn dann sind die Knospen und geöffneten Blüten von Obst- und anderen Bäumen gefährdet.
Sie können erfrieren und bilden in diesem Jahr keine oder weniger Früchte.
In der Vergangenheit waren die Bauern noch stärker vom Wetter abhängig als heute. Wettervorhersagen, wie wir

Schon gewusst?
Die Eisheiligen heißen Pankratius, Servatius und Bonifatius sowie kalte Sophie.

sie mittlerweile kennen, gab es noch nicht.
Deshalb haben sie aufgrund ihrer Erfahrungen und Wetterbeobachtungen viele Regeln aufgestellt.

Vielleicht hast du einige dieser „Bauernregeln" schon einmal gehört. Manche sind falsch, andere stimmen. So werden die Tage vom 12. bis 15. Mai nach einer alten Bauernregel die Eisheiligen genannt, weil es bis Mitte Mai frostige Nächte geben kann, wenn kalte Luft aus dem Norden zu uns vordringt. Ende Mai ist auch die Luft in Nordeuropa ausreichend erwärmt – dann ist die Frostgefahr bei uns vorbei.

Bauernregeln auf dem Prüfstand

Finde selbst heraus, ob folgende Bauernregeln stimmen. Dazu musst du nur das Wetter an den betreffenden Tagen oder Monaten beobachten und in deinem Naturforscherbuch (Seite 25) notieren.

☐ Donnert's im März, dann friert's im April.

☐ Wie's im März regnet, so wird's im Juni wieder regnen.

☐ Wie das Wetter zu Frühlingsanfang (das sind die Tage um den 21. März) ist es den ganzen Sommer lang.

☐ Gibt's im April mehr Regen als Sonnenschein, wird's im Juni warm und trocken sein.

☐ Wie das Wetter am St.-Urbans-Tag (25. Mai), so es im Herbst wohl werden mag.

Alles blüht

Beobachte im Frühling Bienen und Hummeln beim Besuch von Blüten. Du wirst feststellen, dass das Wetter auch Einfluss auf sie hat. Weil sie übervoll mit Blüten bedeckt sind, nimmst du am besten die Obstbäume in Augenschein.

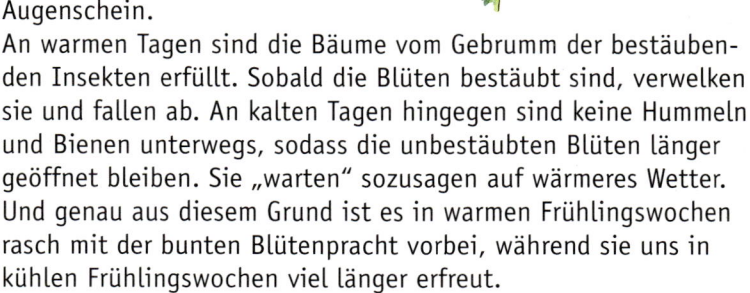

An warmen Tagen sind die Bäume vom Gebrumm der bestäubenden Insekten erfüllt. Sobald die Blüten bestäubt sind, verwelken sie und fallen ab. An kalten Tagen hingegen sind keine Hummeln und Bienen unterwegs, sodass die unbestäubten Blüten länger geöffnet bleiben. Sie „warten" sozusagen auf wärmeres Wetter. Und genau aus diesem Grund ist es in warmen Frühlingswochen rasch mit der bunten Blütenpracht vorbei, während sie uns in kühlen Frühlingswochen viel länger erfreut.

Augen auf!

Frühling vor der Tür

**An sonnigen Tagen scheint die Natur zu explodieren:
Unzählige Blüten öffnen sich, die ersten Blätter an den Bäumen
entfalten sich und fleißige Insekten fliegen von Blüte zu Blüte.**

Knospenexplosion

Recht unauffällig sitzen die Knospen der Blätter den ganzen Winter über am Baum. Wenn im Frühling die kunstvoll zusammengefalteten Blätter dann wachsen, sprengen sie die braune Knospenhülle. Siehst du auf den jungen Blättern feine Härchen? Sie schützen das Blatt vor Kälte.

Insekten oder Wind?

Einige Bäume wie etwa unsere Obstbäume fallen im Frühjahr durch die bunte Blütenpracht in ihren Kronen auf. Andere Bäume wie

Buchen, Eichen und Ahornarten scheinen überhaupt keine Blüten zu bilden. Warum ist das so? Zunächst einmal: Alle Bäume bilden Blüten. Ob die Blüten jedoch auffallend bunt oder eher unscheinbar sind, hängt allein davon ab, ob sie von Insekten oder vom Wind bestäubt werden.

Auffallende Blüten dienen nur dazu, Insekten anzulocken. Auf dem pelzig behaarten Körper der Bienen und Hummeln bleibt der gelbe Blütenstaub hängen und wird auf

diesem Weg von Blüte zu Blüte transportiert. Nur so können die Blüten befruchtet werden und in den Früchten Samen für die Vermehrung bilden. Als Dankeschön bieten sie den kleinen fliegenden Boten süßen Nektar und energiereichen Pollen an.

Windige Bestäubung

An Bäumen, die vom Wind bestäubt werden, erscheinen lange, hängende, männliche Kätzchen. Sie produzieren Unmengen an gelbem Blütenstaub, der durch den Wind zu den langen, klebrigen Narben der weiblichen Blüten getragen wird. All das geschieht, bevor sich die Blätter an den Bäumen entfalten, damit der Blütenstaub leicht zu seinem Ziel gelangen kann.

Versuche einmal, die unscheinbaren Blüten an den Bäumen zu finden, und betrachte sie mit einer Lupe. Manche sehen aus wie kleine Korallen.

Baumarten, die vom Wind bestäubt werden, sind:
- ☐ Haselnuss
- ☐ Buche
- ☐ Weide
- ☐ Eiche
- ☐ Pappel
- ☐ Erle
- ☐ Esche

Augen auf!

Frühling im Wald

Im Frühling kannst du den Wald mit allen deinen Sinnen entdecken. Blütenteppiche bedecken den Waldboden, die Luft ist erfüllt vom Gesang der Vögel und vom Duft frischer Blätter. Es gibt so viel zu sehen, zu hören und zu riechen!

Sehen – Blütenpracht am Waldboden

Während auf den Wiesen noch winterliche Ruhe herrscht, ist der Waldboden von einem dichten Blütenteppich bedeckt. Weil die Bäume noch keine Blätter haben, ist es für die Pflanzen im Wald jetzt noch hell genug, um zu blühen. Wenn die Bäume ihre Blätter im Mai entfalten, liegt der Waldboden von da an den ganzen Sommer über im Schatten. Dann sind die Blüten längst verwelkt und bilden Samen für das nächste Blühjahr.

Frühblüher im Wald sind:
- ☐ Bärlauch (weiß)
- ☐ Buschwindröschen (weiß)
- ☐ Lungenkraut (hellrot, blau-violett)
- ☐ Leberblümchen (blau)
- ☐ Lerchensporn (weiß, lila, gelb)

Märzenbecher   *Veilchen*   *Scharbockskraut*

- ☐ Märzenbecher (weiß)
- ☐ Salomonssiegel (weiß)
- ☐ Scharbockskraut (gelb)
- ☐ Veilchen (blau)

Hören – Baumsäfte im Fluss

Im Frühjahr beginnen die Säfte im Baumstamm wieder zu fließen. Sie steigen von den Wurzeln zur Krone. Nur im März kannst du sie hören. Leg dein Ohr dicht an den Stamm einer Buche oder eines anderen Baumes mit glatter Rinde und lausche. Schließe am besten deine Augen. Es muss ganz ruhig sein.

Riechen – So duftet der Frühling

Im Wald riecht es im Frühjahr besonders intensiv, denn die frischen Blätter enthalten zahlreiche Duftstoffe. Atme den typischen Geruch von frischen Blättern, Blüten, angefaulten Wurzeln, frischem Harz oder Erde tief ein.

Der Aronstab

Im März und April blüht der giftige Aronstab. Seine braune, keulenförmige Blüte ist von einem großen grünen Blatt umhüllt, das tütenartig eingerollt ist und nach unten hin einen Kessel bildet. Abends erwärmt sich der Kolben und lockt mit seinem Geruch Fliegen und Mücken an, die an der glatten Blattwand in den Kessel rutschen. Ein dichter Kranz herabstehender Haare um den engen Eingang verhindert, dass die Insekten wieder freikommen. Sie bleiben so lange gefangen, bis sie die Blüte bestäubt haben. Dann verwelkt die Blüte und der Weg nach draußen ist wieder offen.

Halte deine Hand abends nah an die keulenförmige Blüte. Kannst du die Wärme spüren? Du musst die Blüte dazu nicht anfassen. Wenn doch, solltest du dir anschließend die Hände waschen.

Augen auf!

Tiere im Frühling

Die Zugvögel kehren aus ihren Winterquartieren zurück, Winterschläfer und Winterruher erwachen aus ihrem langen Schlaf und bald gibt es Nachwuchs bei vielen heimischen Tierarten.

Das passiert im März:
- ☐ Weißstorch, Hausrotschwanz, Zilpzalp und Grasmücke kehren aus dem Süden zurück.
- ☐ Erdkröte, Teichmolch und Grasfrosch sind die ersten Lurche, die zu ihren Geburtsgewässern wandern.
- ☐ Rothirsche werfen ihr Geweih ab.
- ☐ Erste Schmetterlinge fliegen.

Das passiert im April:
- ☐ Schwalbe, Nachtigall, Kuckuck, Wachtel und Rohrsänger treffen aus dem Süden ein.
- ☐ Marienkäfer kommen aus ihrem Winterversteck.

- ☐ Vorsicht vor Wildschweinen! Die Mütter sind mit ihren Frischlingen unterwegs und greifen sofort an, wenn sie Gefahr für ihre Jungen fürchten.
- ☐ Igel und Fledermäuse sowie Eidechsen und Blindschleichen erwachen aus dem Winterschlaf.

Das passiert im Mai:
- ☐ Pünktlich zum 1. Mai sind die Mauersegler wieder da! Auch Neuntöter und Pirol kehren zurück.
- ☐ Die Brut ist auf dem Höhepunkt: Wer im April damit begann, hat bereits Junge, andere Arten beginnen gerade mit dem Nestbau.
- ☐ Junge Füchse spielen ausgelassen vor ihrem Bau.
- ☐ Maikäfer sind selten geworden. Jetzt kannst du sie aber vielleicht in Wäldern oder entlang von Bachläufen mit Bäumen entdecken.

Die Zugvögel sind zurück!

Notiere in deinem Naturforscherbuch (Seite 25), wann du zum ersten Mal bestimmte Vogelarten beobachtet oder deren Gesänge gehört hast. Wenn du das über mehrere Jahre machst, weißt du, welche Vögel wann bei uns leben.

Einige markante Vogelarten für die Beobachtung sind:

Hausrotschwanz

Nachtigall

Kuckuck

Schwalben (Mehlschwalbe, Rauchschwalbe)

Mauersegler

Das Trommeln der Spechte

Hunderte von Metern weit kannst du hören, wenn ein Specht mit seinem Schnabel in einem bestimmten Rhythmus schnell aufs Holz hämmert und damit sein Revier markiert. Damit der Specht keine Gehirnerschütterung bekommt, ist sein Schnabel federnd mit dem Schädel verbunden – so wie dein Sattel mit dem Fahrradgestell. Mit seinem kräftigen Schnabel zimmert der Specht außerdem jedes Jahr eine neue Höhle in einen morschen Stamm. Dafür benötigt er zwei bis drei Wochen. In den alten Spechthöhlen vom Vorjahr wohnen gern Siebenschläfer, Fledermäuse oder andere Vögel wie Kohlmeisen, Rotschwänze oder Kleiber.

FAMILIE BUNTSPECHT

ZU VERMIETEN

Augen auf!

Brutzeit bei den Singvögeln

Singvögel brüten zwei bis drei Wochen lang, bis die jungen Küken schlüpfen. Zuerst gibt es bei Meise, Amsel, Bachstelze, Buchfink, Hausrotschwanz, Heckenbraunelle, Star, Singdrossel, Rotkehlchen und Zaunkönig Nachwuchs, etwas später bei der Mönchsgrasmücke und dem Zilpzalp.

Spüre ein Nest auf, indem du aufmerksam und langsam an Hecken, Gebüschen und Bäumen vorbeigehst und auf die hungrigen Rufe der Jungen hörst. Sei dabei aber sehr vorsichtig und halte Abstand! Fühlen sich die Eltern bedroht, kann es passieren, dass sie nicht mehr zum Nest und zu ihren Jungen zurückkehren.

Schon gewusst?
Um ihre zehn bis 13 hungrigen Jungen satt zu bekommen, müssen die Kohlmeiseneltern jeden Tag bis zu 900 Insekten und Raupen erbeuten!

So viele Eier legt ein Weibchen in sein Nest

Vögel, die lange leben und kaum Feinde haben, legen weniger Eier als Arten mit kurzer Lebensdauer und vielen Feinden.

Mäusebussard	2–4 Eier	Haussperling, Star	5–6 Eier
Graureiher	3–5 Eier	Höckerschwan	5–7 Eier
Weißstorch	3–5 Eier	Blesshuhn	5–10 Eier
Rauchschwalbe	4–5 Eier	Elster	6–7 Eier
Buchfink	4–6 Eier	Stockente	7–11 Eier
Buntspecht	4–7 Eier	Blaumeise	9–13 Eier
Rotkehlchen, Amsel	5–6 Eier	Kohlmeise	10–13 Eier

Welche Vögel brüten in meiner Nähe?

Etwas einfacher als das anstrengende Lauschen auf die bettelnden
Rufe der Jungen ist es, wenn du auf die singenden Vogelmänn-
chen achtest. Denn jedes singende Männchen brütet gemeinsam
mit seiner Partnerin die Eier aus.

Zeichne in dein Naturforscherbuch (Seite 25) oder auf ein großes
Blatt Papier eine Skizze der Häuser, Bäume und Zäune in deiner
Nähe. Trage zwischen Anfang April und Ende Mai zehn Tage lang
alle singenden Vögel mit einem Kreuz oder einem Symbol in deine
Skizze ein. Gut ist es, wenn du die Arten unterscheiden kannst.
Singt eine Vogelart häufig nahe einer bestimmten Stelle, hast du
das Revier und damit auch ein Brutpaar gefunden.

Vogel A

Vogel B

Haus

Baum

Zaun

Reviergrenze

Augen auf!

Tierkinder

Damit die Jungen bis zum nächsten Winter groß und kräftig sind, bekommen die meisten Säugetiere im Frühjahr Nachwuchs. In den ersten Lebenswochen sind die Kleinen oft hilflos und ruhen zwischen den Milchmahlzeiten. Sobald sie größer sind, spielen sie ausgelassen und ausgiebig.

Wenn du Jungtiere entdeckst, halte immer genügend Abstand! Bist du überraschend in ihre Nähe gekommen, ziehe dich langsam zurück, denn viele Tiermütter verteidigen ihre Jungen. Fasse ein gefundenes Rehkitz niemals an, sonst weist die Mutter es zurück und das Junge muss sterben!

Nachwuchs gibt es bei:
- ☐ Hirsch, Reh, Wildschwein
- ☐ Fuchs, Dachs
- ☐ Hase, Kaninchen

Hasenhochzeit

Im Frühjahr versammeln sich mehrere Feldhasen an bestimmten Stellen auf Feldern und Wiesen, um Hochzeit zu halten. Dabei jagen die Männchen stundenlang hinter den Häsinnen

her. Die Tiere überspringen sich gegenseitig, schlagen Haken, hüpfen in die Luft oder liefern sich regelrechte Boxkämpfe. Vielleicht hast du einmal die Gelegenheit, den Tieren bei ihrem wilden Treiben zuzuschauen. Oder du machst dir mit deinen Freunden einen Spaß daraus: Kommentiert das Geschehen mit ausreichend Abstand wie ein Sportreporter mit reißerischen Worten.

Schneckenhochzeit

Siehst du am Wegrand zwei Weinbergschnecken, die sich Unterseite an Unterseite gelehnt aufrichten, bist du bei einer Paarung dabei. Weil sie Zwitter sind, haben beide Schnecken sowohl männliche Samen als auch weibliche Eier. Darum befruchten sie sich gegenseitig. Das dauert eine ganze Weile. Danach kriechen beide Schnecken ins schützende Gebüsch und legen ihre Eier in den Erdboden.

Die Krabbeltiere erwachen

Im dicken Laub am Waldboden tummeln sich Tausendfüßer, Asseln, Hundertfüßer, Würmer und Springschwänze. Breite eine Handvoll Laub auf einem hellen Tuch aus und verteile es. Überall wuseln die kleinen, lichtscheuen Krabbeltiere hervor und eilen über das Tuch, um ins Dunkle zu gelangen.
Du kannst sie vorsichtig mit einer Becherlupe fangen und dir vergrößert anschauen. Lass sie dann wieder frei.

Augen auf!

Mein Frühling

Jetzt ist die Zeit für spannende Entdeckungstouren durch die Natur gekommen. Also, nichts wie raus – erwachende Tiere, singende Vögel und bunte Blumen erwarten dich schon!

Jeder Frühling ist anders

Wann du welche Tiere und Pflanzen entdecken kannst, hängt vom Wetter ab. Je nach Witterung blühen die Blumen länger oder kürzer, früher oder später. Ist es im Frühling noch kalt, ruhen die winterschlafenden Tiere länger und auch die ersten Bienen fliegen erst später im Jahr.

Naturforscher im Frühling

Doch egal, ob Regen oder Sonnenschein: Im März, April und Mai gibt es jede Menge zu sehen, zu erleben und zu erforschen. Geh mit offenen Augen und Ohren durch Wald und Wiese, durch Stadt und Land: Welche Blumen blühen in deinem Garten, welche am Waldboden? Und wie duften sie? Welche Insekten fliegen schon und besuchen die ersten Blüten? Welche Vögel kehren wann aus dem Süden zu uns zurück? Wo singt das Amselmännchen, wo der Buchfink? Und wer ist der früheste Sänger am Morgen? Wann erscheint der erste Schmetterling? Und gibt es in diesem Jahr Maikäfer?

Die richtige Ausrüstung für Frühlingsforscher

Bereite dich gut auf deine Streifzüge durch die Natur vor. Überlege, was du anziehen und was du mitnehmen solltest, damit deinem Forschergeist nichts mehr im Wege steht!

Die Kleidung

Feste, wasserdichte Schuhe oder Gummistiefel und eine Regenjacke sind im Frühling für jeden Naturforscher wichtig. Besonders im April kann es an einem wolkigen Sonnentag plötzlich regnen. Weil es oft noch kalt ist, trage einen warmen Pullover und eine robuste Hose, die dich vor Kratzern schützt. In Radio, Zeitung oder Internet kannst du dich über die Wetterprognose für jeden Tag informieren.

Dein Naturforscher-Rucksack

In einem Rucksack kannst du die Dinge, die du auf deinen Forscherausflügen benötigst, am besten transportieren. Packe ein Bestimmungsbuch ein, in dem du unterwegs sofort nachschlagen kannst, wie die entdeckten Tiere und Pflanzen heißen.

Außerdem brauchst du:
- ☐ Notizblock oder Naturforscherbuch
- ☐ Bleistift, auch Buntstifte
- ☐ Lupe oder Becherlupe
- ☐ kleine Plastikbehälter und -tüten für zerbrechliche Fundsachen
- ☐ Sitzunterlage für kühle oder feuchte Plätze
- ☐ Fernglas
- ☐ Kescher an langem Stiel und durchsichtigen Eimer für Beobachtungen am Teich
- ☐ eventuell Taschenmesser, Fotoapparat

Mit einer Becherlupe fängst du vorsichtig kleine Lebewesen und schaust sie dir vergrößert an.

Dein Naturforscherbuch

Schreibe das, was du draußen beobachtest und erlebst, in dein persönliches Naturtagebuch. Wenn du das über mehrere Jahre hinweg machst, weißt du immer besser über heimische Tiere und Pflanzen Bescheid. Besorge dir dazu im Schreibwarengeschäft ein Heft oder Spiralbuch mit Karos oder Linien und notiere darin zum Beispiel

- ☐ wann du die erste Schwalbe gesehen hast,
- ☐ wann die erste Tulpe oder Osterglocke blüht,
- ☐ welche Vögel in deinem Garten brüten,
- ☐ welche Tiere und Pflanzen du auf dem Heimweg von der Schule gesehen hast,
- ☐ wann die letzte Nacht mit Minustemperaturen war.

Klebe gesammelte Federn, Blätter und Samen in dein Naturforscherbuch ein und skizziere Pflanzen und Tiere, die du auf deinen Ausflügen entdeckt hast.

Tiere beobachten, aber richtig!

- ☐ Ganz wichtig: Du brauchst Geduld! Die Natur ist kein Fernsehfilm oder Computerspiel, das sofort läuft, wenn du es einschaltest!
- ☐ Bewege dich in langsamem Tempo mit wachen Sinnen und ohne zu reden durch die Natur. Vermeide plötzliche und hektische Bewegungen. Die meisten Tiere verstecken

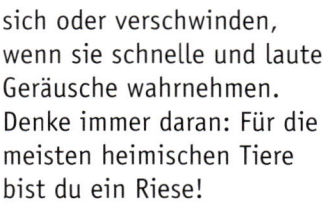

sich oder verschwinden, wenn sie schnelle und laute Geräusche wahrnehmen. Denke immer daran: Für die meisten heimischen Tiere bist du ein Riese!

- ☐ Öffne Augen und Ohren. Achte auf kleinste Veränderungen – ein Rascheln in der Baumkrone, ein Piepsen im Gebüsch. Versuche herauszuhören, woher das Geräusch stammt, und suche die Umgebung mit den Augen ab. Ein Fernglas hilft dir dabei.

unterwegs

Frühlingsforscher auf Entdeckungsreise

März, April und Mai sind die Frühlingsmonate. Doch die Natur hält sich nicht starr an den Kalender. Gut, dass du selbst feststellen kannst, wann der Frühling in deiner Gegend beginnt!

Wann beginnt bei dir der Frühling?

Beobachte die Natur und trage hier oder in dein Naturforscherbuch die Daten ein. Du wirst feststellen, dass du jedes Jahr ein anderes Datum festhältst. Das ist ganz normal, denn der Beginn einer Jahreszeit hängt vom Wetter ab.

Der Vorfrühling beginnt, wenn diese Pflanzen blühen:

◆ Hasel,
◆ Schneeglöckchen,
◆ Huflattich,
◆ Krokus.

Der Erstfrühling beginnt, wenn diese Pflanzen blühen:

◆ Buschwindröschen,
◆ Weißbirke,
◆ Löwenzahn,
◆ Forsythie;
◆ wenn die Weißbirke ihre Blätter entfaltet,

◆ wenn auf den Feldern das Sommergetreide ausgesät wird.

Der Vollfrühling beginnt, wenn diese Pflanzen blühen:
◆ Flieder,
◆ Apfel,
◆ Margerite,
◆ Rosskastanie;

wenn diese Bäume ihre Blätter entfalten:
◆ Linde,
◆ Ahorn,
◆ Rotbuche;
◆ wenn bei der Fichte die Maitriebe erscheinen.

Einmal früh aufstehen!
Am 1. März geht die Sonne kurz nach sieben Uhr auf. Achte an diesem Tag – auf deinem Weg zur Schule oder an einem Tag am Wochenende oder in den Ferien – einmal auf den morgendlichen Gesang der Vögel. Mit zehnminütigem Abstand beginnen Grünfink, Buchfink, Kohlmeise, Zaunkönig und Amsel ihren Gesang. Anfang April beginnt das Konzert mit dem früheren Sonnenaufgang eine Stunde früher – dann musst du also noch eher raus!

Wann geht die Sonne auf und unter?

Tag	Aufgang	Untergang
1. März	ca. 7.00 Uhr	ca. 18.00 Uhr
15. März	ca. 6.30 Uhr	ca. 18.25 Uhr
1. April	ca. 6.00 Uhr	ca. 18.50 Uhr
15. April	ca. 5.30 Uhr	ca. 19.15 Uhr
1. Mai	ca. 5.00 Uhr	ca. 19.40 Uhr
15. Mai	ca. 4.30 Uhr	ca. 20.00 Uhr
31. Mai	ca. 4.15 Uhr	ca. 20.20 Uhr

Die angegebene Uhrzeit ist die Mitteleuropäische Zeit (MEZ). Während der Sommerzeit, die Ende März beginnt, musst du eine Stunde zu der angegebenen Uhrzeit dazuzählen.

Unterwegs

Welcher Vogel singt denn da?

März und April sind die besten Monate, um dir die Vogellieder einzuprägen, denn im Frühjahr singen die Singvögel besonders häufig und laut. Die Männchen locken mit ihren Gesängen die Weibchen an und teilen ihren Artgenossen mit: „Dieses Revier ist besetzt!" Hat sich ein Vogelpaar gefunden, baut es ein Nest, in dem das Weibchen oder beide Partner abwechselnd die Eier ausbrüten. Wenn die Jungen geschlüpft sind, nimmt der Vogelgesang deutlich ab – dann sind die Eltern mit Füttern beschäftigt. Höre einem Vogel, der in deiner Nähe singt, konzentriert zu und präge dir seinen Gesang ein.

Versuche, auch den Vogel zu entdecken, am besten mit einem Fernglas. Wie viele verschiedene Vogelarten kannst du hören?

Typische Vogellieder

☐ Buchfink: „pink"
☐ Goldammer: „wie-wie-wie-hab-ich-dich-lieb"
☐ Haussperling: „tschilp"
☐ Kohlmeise: „sitz i da, sitz i da"
☐ Amsel: „tix-tix-tix" (Warnruf)
☐ Grünfink: „det, det, det is schwäärrr"

Vogelkonzert

Nimm den Gesang verschiedener Vögel auf eine Kassette auf und vergleiche ihn zu Hause mit den Stimmen auf einer Vogel-CD. Solche CDs sind in den meisten Buchhandlungen und Büchereien erhältlich.

Mach mit deinen Freunden ein „Hör"-Spiel: Wer erkennt die meisten Vogelstimmen? Wer hört die meisten Vögel an einem bestimmten Standort im Wald, Garten, Park oder vor dichtem Gebüsch?

Ein Freibad für Vögel

Weil Vögel meist über ihre Nahrung genügend Wasser aufnehmen, müssen sie nicht trinken. Trotzdem sind Vogeltränken ein beliebter Treffpunkt für Vögel, die darin gerne baden. Fülle dazu ein flaches Gefäß wenige Zentimeter hoch mit frischem Wasser und stelle es katzensicher auf, das heißt: Im Abstand von mindestens zwei Metern darf kein Gebüsch oder sonstiges Versteck für eine Katze sein. Wechsle das Wasser regelmäßig.

Wenn du die Möglichkeit hast zu töpfern – in der Schule, bei Bekannten oder Freunden –, kannst du aus Ton eine flache Schale mit möglichst flachem Rand und einer Erhebung in der Mitte formen. Sie ist einigermaßen frostfest, wenn du sie bei 1.200 Grad Celsius im Brennofen brennen lässt.

Unterwegs

Säen, Keimen, Wachsen

Im Frühling keimen und wachsen die Pflanzen nach der langen Winterruhe. Das kannst du in einem eigenen Tontopfgarten auf dem Balkon oder der Terrasse ganz einfach nachempfinden.

☐ Kaufe im Gartencenter oder Supermarkt verschiedene Kräutersamen, fülle Blumentöpfe mit Erde und säe die Samen darin aus. Schon bald kannst du das würzige Grün für die Küche ernten. Über die nektarreichen Blüten freuen sich Bienen und Schmetterlinge.

☐ Vielleicht findest du in eurem Vorratsschrank ja auch einige Bohnenkerne, die du pflanzen kannst. Leite die Triebe nach dem Keimen an langen Holzstangen nach oben.

Im Sommer und Herbst kannst du draußen im Garten oder auch in eurem Balkonkasten verschiedene Samen sammeln. Stiefmütterchen und Borretsch beispielsweise werfen unendlich viele Samen. Bewahre sie trocken auf und säe sie im nächsten Frühjahr aus.

Die Hyazinthe im Wasserglas

Viele Frühlingsblüher haben als Wurzel eine Zwiebel. In ihr speichern die Pflanzen über den Winter wichtige Nährstoffe, die sie bei ihrem frühen Start im März zum Keimen und Treiben brauchen. Wie sich Wurzeln und Triebe aus einer Zwiebel entfalten, kannst du besonders

Dein Blumenrestaurant

Gänseblümchenquark: Gib eine Handvoll Gänseblümchen-Blüten in 250 Gramm Quark, den du zuvor mit Milch oder Joghurt verrührt und mit Salz, Pfeffer, einem Teelöffel Senf und frischen Kräutern (Petersilie, Schnittlauch, etwas Knoblauch) gewürzt hast.

Blütenbrote: Nach dem Waschen gibst du die Blüten von Gänseblümchen, Taubnessel, Veilchen und Vogelmiere auf eine Scheibe Butterbrot. Auch die Blüten von Borretsch und Kapuzinerkresse schmecken würzig lecker.

schön bei der Hyazinthe beobachten. Stelle eine Zwiebel
in ein Wasserglas und fülle so
viel Wasser hinein, dass
gerade der Wurzelkranz im
Wasser steht. Beobachte jeden
Tag, wie die weißen Wurzel-
spitzen und grünen
Triebe wachsen.
Wann blüht sie
auf? In welcher
Farbe?

Dein Duftgarten

Leg dir in einem kleinen Gartenbeet oder in Balkon-
kästen einen duftenden Garten an. Säe oder pflanze
dazu einige der genannten duftenden Kräuter und Blumen, die du im Gartencenter kaufen kannst. Damit du im
nächsten Frühjahr wieder einen Duftgarten anlegen kannst,
sammle die Samen der Pflanzen im Sommer und Herbst.

☐ blumiger Duft: Duftsteinrich, Heliotrop, Veilchen, Rose
☐ fruchtiger Duft: Zitronenmelisse, Apfelminze, Balsamkraut
☐ würziger Duft: Thymian, Salbei, Fenchel, Pfefferminze
☐ herber Duft: Lavendel, Katzenminze, Wermut, Kapuzinerkresse
☐ harziger Duft: Heiligenkraut, Storchschnabel, Wacholder

Streiche mit deinen Händen über die Blätter und
Blüten, dann entfalten sie ihren Duft. Rieche an
deinen Fingern, die den Duft aufnehmen.

Unterwegs

Entdeckungen am Teich

Gehe im Frühling und Frühsommer
regelmäßig an einen nahe gelegenen Teich. Suche dir eine ebene
Stelle am Ufer aus und achte darauf, dass du sicher stehen oder
knien kannst. Meide abschüssige
Uferstücke und tiefes Wasser!
Schreibe deine Beobachtungen in
dein Naturforscherbuch.
Jetzt ist am Teich zum Beispiel
Folgendes los:
Zwischen April und Juli schlüpfen
die jungen Entenküken, im Mai bis
Juni die Küken der Blesshühner
mit dem roten Kopf und die maus-
grauen Schwanenjungen. Die ersten
Libellen schlüpfen ab Mai.
Ab April jagen Ringelnattern am
und im Teich Frösche und Kröten.

Im Wasser tummeln sich Wasser-
schnecken, Rückenschwimmer,
Gelbrandkäfer und andere Insekten
und deren Larven sowie die Kaulquappen verschiedener Lurcharten.
Mit einem Kescher kannst du sie
einfangen. Gib sie in einen wasser-
gefüllten Eimer oder in eine Becherlupe und schau sie dir an. Lass
sie aber gleich anschließend wieder
frei. Verfolge die Entwicklung der
Kaulquappen über einige Wochen.

Erdkröten auf Wanderschaft

In der ersten warmen Märznacht
beginnt der Wanderzug der Erdkröten. Je näher sie dem Gewässer
kommen, umso dichter werden die
Wanderscharen. Dabei begegnen
sich Männchen und Weibchen.

1 Blässhuhn, 2 Stockente, 3 Ringelnatter, 4 Azurjungfer, 5 Königslibelle, 6 Teichfrosch

Häufig lassen sich die deutlich kleineren Männchen schon unterwegs von den Weibchen Huckepack tragen.

Schon gewusst?
Eine Erdkröte braucht rund zehn Minuten, um eine 15 Meter breite Straße zu überqueren.

Gefahr auf der Straße

Erdkröten und Grasfrösche leben das ganze Jahr über im Wald. Molche hingegen suchen Verstecke weitab der Gewässer nur zum Überwintern auf, sie verbringen die warme Jahreszeit im Wasser. Im Frühjahr wandern Kröten, Frösche und Molche zu Tümpeln

und Weihern, um darin ihre Eier – den Laich – abzulegen. Weil sie auf dem bis zu zwei Kilometer langen Weg auch Straßen überqueren müssen, werden viele Lurche von Autos überfahren. Deshalb siehst du am Fahrbahnrand mancher Straßen flache Krötenzäune. Sie leiten die Tiere zu kleinen Tunneln, die unter der Straße hindurchführen, oder zu Eimern, in die sie hineinfallen. Mehrmals am Tag tragen Menschen die Eimer mit den Lurchen über die Straße. Dasselbe geschieht nach dem Laichen – dann wandern die Tiere nämlich auf demselben Weg zurück in ihre Lebensräume.
Wenn du beim Krötenschutz mithelfen möchtest, informiere dich in deinem Ort bei einer Naturschutzorganisation oder im Rathaus.

Unterwegs

Die Schmetterlinge sind zurück

Tagpfauenauge, Kleiner Fuchs und Zitronenfalter fliegen schon an den ersten warmen Frühlingstagen. Den Winter über ruhen sie versteckt in einem Geräteschuppen, in Ritzen an Wänden und Bäumen oder in einem Holzstoß.

Tagpfauenauge   *Kleiner Fuchs*   *Zitronenfalter*

Schmetterlinge und Bienen anlocken

Möchtest du etwas Gutes für unsere Schmetterlinge, Bienen, Hummeln und viele andere Insekten tun? Dann pflanze oder säe im Frühling Wildblumen als Nektar- und Pollenspender oder als Raupenfutter.

Farbenspiel

Verschiedene Insekten wie Bienen, Hummeln, Schmetterlinge oder Käfer nehmen verschiedene Farben wahr. Deshalb fliegen sie bestimmte Blütenfarben häufiger an als andere. Das kannst du sogar beweisen: Lege gelbes, rotes, weißes, violettes und blaues Papier auf einer Blumenwiese oder in einem Blumenbeet aus, beobachte und notiere in deinem Naturforscherbuch:

☐ Wie viele und welche Insekten landen innerhalb einer bestimmten Zeit (etwa fünf Minuten) auf welchem Papier?

☐ Welche Farbe bevorzugen Schmetterlinge, Bienen, Hummeln oder Käfer?

☐ Bestreiche die Papiere mit ein wenig Honig, der zusätzlich mit seinem Duft lockt: Kommen mehr Insekten als zuvor?

Du kannst das im Garten deiner Eltern oder in einem Blumenkasten auf dem Balkon machen. Mit blühenden Kräutern wie Salbei, Thymian, Lavendel, Minze und anderen Arten lockst du Insekten ebenfalls herbei. Außerdem findest du im Gartencenter spezielle Schmetterlingsmischungen mit geeigneten Pflanzensamen.

Nistplätze für Insekten

Für Wildbienen: Bohre in einen trockenen, unbehandelten Block aus Hartholz (Buche, Esche oder vom Obstbaum) mithilfe eines Erwachsenen Löcher mit einem Durchmesser von drei bis zehn Millimetern im Abstand von wenigen Zentimetern. Bohre sie einfach so tief, wie der Bohrer reicht. Dann hänge den Block regensicher an der Sonnenseite des Hauses auf.

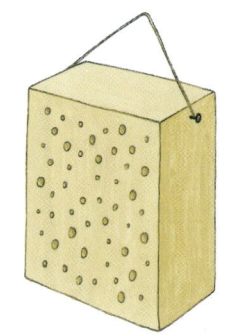

Für Hummeln: Grabe an einem sonnigen, geschützten Ort ein Loch in den Erdboden, etwas größer als ein Blumentopf. Stampfe die Erde am Grund fest und stelle einen halb mit Moos, Heu oder Kleintierstreu gefüllten Blumentopf aus Ton mit der Öffnung nach unten hinein. Das Wasserabzugsloch mit einem Durchmesser von 15 Millimetern – sonst passen die Hummeln nicht hinein – ist der Eingang. Fülle die Grube mit Erde auf und lege als Regenschutz ein paar flache Steine über den Boden des Tontopfes.

Feiern im Frühling

Ostern ist ein idealer Anlass für einen herrlichen Frühlingsausflug mit deinen Eltern und Freunden. Und am Abend vor dem 1. Mai lädst du deine Freunde zur Walpurgisnacht ein!

Ausflugsideen

Natürlich kannst du mit deiner Familie oder deinen Freunden auch an den anderen Nachmittagen oder Wochenenden im Frühjahr einen unvergesslichen Abenteuerausflug machen. Schöne Ziele sind ein Mischwald mit Buchen und Eichen, ein kleiner Auwald entlang von Bächen und Flüssen oder Wiesen mit Apfel- und anderen Obstbäumen. Auf dem Weg kannst du eine Schnitzeljagd mit Sägespänen organisieren: Zwei aus der Gruppe bekommen einen Sack Sägespäne oder Kleintierstreu und starten mit einem Vorsprung von etwa zehn Minuten. An allen Abzweigungen markieren sie den eingeschlagenen Weg mit einem Häufchen Späne. Am Ziel angelangt, verstecken sich die beiden und überraschen die Verfolger. Auch Pfeile aus gesammelten Zweigen und Stöcken eignen sich als Wegmarkierung.

Anlässe für Feste

Ideen für Feste gibt es im Frühling mehr als genug. Wie wäre es zum Beispiel mit folgenden?

☐ Apfelblütenfest mit einem Picknick im Obstgarten

☐ Ostereierparty mit gemeinsamem Färben und Anmalen von Hühnereiern

☐ Blumenwiesenfest mit schönen Basteleien aus Blumen und Halmen

☐ Fahrradrallye mit Wettspielen auf dem Rad

Osterausflug

Gemeinsam mit Eltern, Geschwistern und Freunden erkundest du an Ostern die erwachende Natur – und findest unterwegs hoffentlich einige Ostereier oder Schokoladenhasen, die deine Eltern vorab an verschiedenen Stellen versteckt haben!

Los geht's

Für den Ausflug sucht ihr euch ein schönes Ziel aus. Am meisten Spaß macht es, wenn der Weg abwechslungsreich durch Wald und Feld, über Lichtungen und Wiesen, am Bachlauf oder See entlang bergauf, bergab führt.

Wenn ihr zu zweit Hand in Hand geht, kann einer streckenweise die Augen schließen und sich führen lassen. Umarmt zu mehreren einen alten Baumstamm: Wie viele Personen braucht ihr, um ihn zu umfassen? Wie fühlt sich der Stamm an? Sammelt duftende Blüten, Blätter und Blumen und ratet abwechselnd mit verschlossenen Augen, um welche Pflanze es sich handelt. Schmuggelt ruhig auch mal ein belegtes Wurstbrot oder einen Schuh unter die Pflanzen.

Wenn der Hunger kommt

Bewegung an der frischen Luft macht hungrig. In den Rucksack packt ihr Leckeres zum Vespern: mit Butter bestrichenes Osterbrot, hart gekochte Eier, gewürfelten Käse mit Trauben, Fleischwurst am Stück, süßes Osterlamm aus Biskuitteig und klein geschnittene Karotten, Gurke und Radieschen.

Denkt auch an eine Isomatte oder ein Sitzkissen zum Draufsetzen. Der Boden kann noch kühl sein!

Österliches Pfeifkonzert

Nimm ein Taschenmesser mit auf den Ausflug und bitte einen Erwachsenen, dir ein etwa fünf bis sechs Zentimeter langes, fingerdickes und gerade gewachsenes Holunderholzstück abzuschneiden. Entferne das weiche Mark im Innern, indem du es mit einem spitzen Stöckchen herausschiebst. Runde den Rand der oberen Öffnung ab und verziere die Rinde mit Schnitzereien. Bohre mithilfe eines Erwachsenen Löcher wie bei einer Blockflöte, drücke die untere Öffnung mit einem Finger zu und blase gleichzeitig in das Holunderrohr hinein.

Süßes Osterbrot für Schleckermäuler

Löse einen Würfel Backhefe in einer Tasse lauwarmem Wasser auf und verrühre alles mit einer Handvoll Mehl zu einem flüssigen Teig, den du eine halbe Stunde lang an einem warmen Ort gehen lässt. Dazu gibst du vier Eier, 200 Gramm zimmerwarme Butter, drei Esslöffel Zucker und eine Prise Salz. Mit so viel Mehl wie nötig (etwa 650 Gramm) verknetest du alles zu einem geschmeidigen Teig. Der Teig ist gut, wenn er nicht mehr an deinen Händen kleben bleibt. Nun lässt du den Teig in einer zugedeckten Schüssel an einem warmen Ort so lange gehen, bis er doppelt so groß geworden ist. Dann knetest du ihn noch einmal durch und formst daraus ein rundes Brot. Backe das Osterbrot im auf 180 Grad vorgeheizten Backofen für ungefähr 50 bis 60 Minuten. Es ist fertig, wenn die Oberfläche goldbraun ist.

Feiern und Erleben

Walpurgisfest

Die Nacht vor dem 1. Mai wird Walpurgisnacht genannt. Ursprünglich entfachten die Menschen ein großes Feuer und feierten damit das Frühlingserwachen aller Lebenskräfte. Das ist doch ein schöner Anlass für ein Fest mit deinen Freunden, oder?

Das Maifeuer

Treffe dich am frühen Abend mit deinen Freunden. Zieht gemeinsam zu einem Platz mit einer Feuerstelle. Erkundige dich zuvor im Rathaus oder bei der Feuerwehr nach einem solchen Platz. Eventuell muss das Feuer auch genehmigt werden. Lasst euch unbedingt von einem Erwachsenen begleiten. Und tragt am besten Kleidung aus Naturfasern wie Baumwolle oder Wolle, weil Funken Löcher in Kleidung aus Kunstfasern – auch in Fleecestoffe – brennen können. Wenn ihr wollt, könnt ihr euren

Weg mit Fackeln beleuchten und euch wie Hexen verkleiden und schminken.

Am Ziel angekommen entfacht ihr das Maifeuer. Singt gemeinsam einige Lieder, tanzt und esst am Feuer. Grillt Würstchen an einem langen Stecken und in Alufolie gewickelte Kartoffeln. Zwiebeln und Fetakäse schmecken lecker, wenn sie eine Weile im offenen Feuer gegart werden. Den Durst löscht ein Hexentrunk aus Mineralwasser, vermischt mit rotem Fruchtsaft oder Früchtetee. Ist das Feuer weit genug heruntergebrannt und besteht nur noch aus Glut, können mutige Hexen darüber springen. Übrigens: Früher galt so ein Sprung über das Maifeuer als heilend und schützend.

Feuer machen, aber richtig!

Bevor ihr ein Feuer entfacht, überlegt ihr euch, was ihr dazu benötigt und wie ihr es wieder löschen könnt.

☐ Haltet fürs Löschen Sand oder Wasser bereit.

☐ Entzündet ein Feuer nur, wenn ein Erwachsener dabei ist und nur an einer vorgesehenen Feuerstelle oder auf einem öffentlichen Grillplatz. Ein Kreis aus Steinen sichert das Feuer und verhindert, dass es sich ausbreiten kann.

☐ Als Feuermaterial braucht ihr: Zeitungspapier, Reisig, kleine Weichholz-Zweige, dickere Hartholz-Äste (Buche, Eiche, Ahorn).

☐ So schichtet ihr das Feuermaterial: Häuft zunächst kleine Knäuel Zeitungspapier in der Mitte der Feuerstelle auf. Legt dünneres Reisigholz darauf und baut darüber eine Pyramide aus aufgestellten Weichholz-Zweigen. Entzündet nun diese Pyramide. Brennt sie gut, legt nach und nach Äste aus Hartholz darauf. Damit das Feuer wenig raucht, stellt auch die Hartholz-Äste wie eine Pyramide auf.

☐ Kommt ein stärkerer Wind auf, löscht ihr das Feuer sofort.

☐ Verlasst die Feuerstelle erst, wenn in der Asche keine Glut mehr ist.

Feiern und Erleben

Entdecke den Sommer!

Sommer – das erinnert dich an Sonnenschein, Baden gehen, Eis schlecken, heiße Ferientage und lange helle Abende. Es stimmt: Der Sommer findet draußen statt, denn nur dort riecht und schmeckt der Sommer nach Sommer!

Sommer-Stimmung

Im Sommer zeigen sich die Wiesen in voller Blütenpracht, unzählige Insekten summen und brummen. Das geschlossene Laubdach macht die Wälder zu einem schattigen Lebensraum, in dem mittags die Tiere zu ruhen scheinen.
In den sich langsam erwärmenden Seen und Teichen wachsen die Kaulquappen zu Fröschen heran. Seerosen und Wasserknöterich blühen – bald ist Badezeit!

Jetzt heißt es draußen sein: im nahe gelegenen Park, am Fluss oder Bach, in Wäldern und auf Wiesen rund um Stadt und Dorf, auf Plätzen und Straßen. Erkunde die heimische Tier- und Pflanzenwelt zu Fuß oder mit dem Rad, frühmorgens, wenn die anderen noch schlafen, oder am Abend, wenn die Sonne wieder untergeht.
Auch Regenwetter sollte dich nicht davon abhalten hinauszugehen – denn dann riecht alles noch viel intensiver.

Sommerzeit

An den heißesten Tagen des Jahres flirrt die Luft in der sommerlichen Mittagshitze. Die Landschaft scheint wie bei einer Fata Morgana zu verschwimmen. Und abends, wenn die Sonne tief steht, bringt das schöne Licht die Farben zum Leuchten.

Sommer bei den Astronomen

Für die Astronomen, die Sternenforscher, beginnt der Sommer mit dem längsten Tag des Jahres, dem 21. Juni. Zwischen Sonnenuntergang und -aufgang vergehen keine acht Stunden. Richtig dunkle Nacht herrscht sogar nur vier Stunden lang, denn morgens und abends ist es lange dämmrig. Schon vom ersten Sommertag an werden die Tage wieder kürzer.

Zunächst nimmst du das kaum wahr, aber je weiter der Sommer fortgeschritten ist, umso deutlicher siehst du, dass es abends früher dunkel wird. Der Sommer endet mit der Tagundnachtgleiche, etwa am 22. September.

Sommer bei den Wetterforschern

Für die Meteorologen, die Wetterforscher, beginnt der Sommer am 1. Juni und endet am letzten

Eine Fata Morgana bei uns?

Vielleicht hast du auch schon davon gelesen: Eine Gruppe Menschen reist durch die heiße Wüste und sieht plötzlich in der Ferne einen See mit einer palmenbewachsenen Oase. Die Reisenden können die Oase und den See jedoch gar nicht sehen, da sie weit hinter den Dünen liegen. Es handelt sich um eine Fata Morgana. An heißen Sommertagen kannst du bei uns eine ähnliche Erscheinung sehen: Wenn sich mittags der Asphalt auf der Straße stark erhitzt, siehst du ein Flimmern über der Straße, manchmal sogar eine spiegelnde Wasserfläche. Auch das ist ein Trugbild: Eine Fata Morgana ist eine komplizierte Luftspiegelung. Wenn sich dicht über dem Boden eine heiße Luftschicht bildet, wird das Licht von dieser wie von einem Spiegel zurückgeworfen (in der Fachsprache nennt man das „reflektieren"). Dabei kann man dann die Spiegelbilder von Gegenständen sehen, die eigentlich viel zu weit entfernt sind, um sie tatsächlich erkennen zu können.

Tag im August. Doch auch Tage im Mai und September können sommerlich warm sein.

Die Sommersonnenwende

Früher feierten die Menschen bei uns am längsten Tag des Jahres ein Feuerfest zu Ehren der Sonne. Und auch heute brennen in der Johannisnacht (24. Juni) in manchen Gegenden noch große Feuer, die an Johannes den Täufer aus dem christlichen Glauben erinnern. Die Menschen entzünden manchmal fast haushohe Feuerstapel und Holzstöße und tragen brennende Fackeln durch die Felder. Damit dabei nichts passiert, werden diese Feste häufig von der Feuerwehr veranstaltet. Erkundige dich bei der örtlichen Feuerwehr oder im Rathaus, ob eines in deiner Nähe stattfindet. Wenn das Feuer hell auflodert, kannst du wie früher üblich deine Sorgen und Wünsche auf kleine Zettel schreiben und sie ins Feuer werfen.

Augen auf!

Sommerwetter

Wochenlanger Sonnenschein, regnerische Tage, warme und kalte Witterung oder auch mächtige Gewitter – das Sommerwetter kann ganz schön wechselhaft sein!

Wird der Sommer schön?

Durch unsere Lage auf dem europäischen Kontinent mit der Nähe zum Meer gibt es einen schönen Sommer, wenn sich bis Ende Juni eine stabile Hochdruckzone über Mitteleuropa gebildet hat. Dann kann wochenlang die Sonne scheinen. Hat sich bis dahin über Mitteleuropa jedoch keine stabile Zone mit hohem Luftdruck aufgebaut, wird der Sommer bei uns wechselhaft: mal warm, mal kalt, ein Wechsel von sonnigen und regnerischen Tagen.

Blitz und Donner

An heißen, drückenden Sommertagen entstehen manchmal heftige Gewitter, weil sich in der feuchtwarmen Luft schnell Wolken bilden können. Steigt die Luft in große Höhen, werden daraus dunkle Gewitterwolken. Das sind die höchsten Wolken, die es gibt. Sie reichen

Wenn die Luft drückt

Wir spüren es nicht, aber die Luft drückt ständig auf uns. Dieser sogenannte Luftdruck wird mit einem Barometer in Hektopascal (hpa) gemessen. Manchmal ist der Luftdruck niedrig, zum Beispiel 900 hpa – dann ist das Wetter oft wolkig und nass. Ist der Luftdruck mit 1.050 hpa hoch, ist es meist schön und trocken. Wenn sich das Wetter verändert, ändert sich auch der Luftdruck. Lies während der Sommerzeit immer wieder den Luftdruck an einem Barometer ab und notiere ihn in deinem Naturforscherbuch.

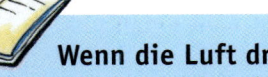

bis in zehn Kilometer Höhe hinauf und sind größer als der höchste Berg der Erde, der Mount Everest. Gewitterwolken sind wie eine Batterie aufgeladen, weil im Wolkeninnern heftige Winde Regen und Eisstückchen durcheinanderwirbeln. Dabei reiben sich die Wassertropfen und Eisstückchen kräftig aneinander – so entsteht Elektrizität. Irgendwann ist die Spannung in der Wolke zu groß und sie entlädt sich in einem Blitz, der zur Erde rast. Die Luft wird glühend heiß, leuchtet grell auf und dehnt sich schlagartig aus: Sie explodiert mit einem lauten Knall – dem Donner. Auf der ganzen Erde gibt es in jedem Augenblick etwa 1.000 bis 2.000 Gewitter!

Schon gewusst?
Ein Blitz ist etwa fünf bis zehn Kilometer lang und misst im Durchmesser nur bis zu 11 mm. Für einige Millionstel Sekunden lang fließt Strom von bis zu 400.000 Ampere! Zum Vergleich: Bei einem Fön fließen etwa sieben Ampere.

Was tun bei einem Gewitter?
Lebewesen, die vom Blitz getroffen werden, erleiden schwerste oder sogar tödliche Verletzungen. Bei einem Gewitter solltest du
☐ niemals Schutz unter einem Baum suchen, da Blitze oft in hohe Bäume oder Häuser einschlagen!
☐ wenn du im Freien badest, sofort das Wasser verlassen!

Sicher bist du in einem Gebäude oder Auto. Kannst du auf freiem Feld so rasch keinen sicheren Platz finden, geh tief in die Hocke und stelle deine Füße ganz dicht nebeneinander. So bleibst du tief gekauert hocken, bis das Gewitter vorbeigezogen ist. Das dauert maximal eine halbe Stunde.

Augen auf!

Der Sekundentrick

Blitz und Donner erfolgen zur selben Zeit. Du siehst den Blitz aber früher, weil sich das Licht viel schneller bewegt als der Schall. Und genau das kannst du nutzen, um herauszufinden, wie weit ein Gewitter von dir entfernt ist, ob es auf dich zukommt oder sich von dir entfernt.

Der Schall des Donners benötigt für einen Kilometer ziemlich genau drei Sekunden. Deshalb brauchst du nur die Sekunden zwischen Blitz und Donner zu zählen und diese Zahl durch 3 zu teilen.

Das ergibt die Entfernung des Gewitters in Kilometern. Ein Beispiel: Ein Blitz leuchtet auf und du fängst sofort an zu zählen: 1, 2, 3, 4, 5, 6 Sekunden. Jetzt ertönt der Donner. Also 6 geteilt durch 3 ergibt 2, das heißt: Das Gewitter ist zwei Kilometer von dir entfernt.

Werden die Abstände zwischen Blitz und Donner kürzer, kommt das Gewitter näher. Werden sie länger, entfernt es sich.

Wenn Eiskörner vom Himmel fallen

Manchmal fällt bei einem Gewitter auch Hagel. Das sind große Eiskörner, die wie eine Zwiebel aus mehreren Schichten bestehen. Doch wie entsteht Hagel? In den großen Gewitterwolken ist es ganz oben sehr kalt. Dort gefrieren die Wassertröpfchen. Kleben viele von ihnen zusammen, bildet sich ein Hagelkorn.

Manche dieser Eiskörner sind bis zu fünf Zentimeter groß. Hagel kann großen Schaden anrichten und in wenigen Minuten ganze Ernten vernichten.

Morgenrot – Abendrot

Hast du dir schon einmal Gedanken darüber gemacht, warum der Himmel blau ist? Die Lufthülle (die sogenannte Atmosphäre) um die

Erde besteht aus vielen kleinen Teilchen, vor allem aus Sauerstoff- und Stickstoffteilchen. Wenn Sonnenstrahlen die Lufthülle durchdringen, werden besonders die blauen Anteile des Sonnenlichts von diesen Teilchen in alle Richtungen gestreut – so sehen wir die Farbe Blau.

Wenn die Sonne morgens oder abends tief am Horizont steht, müssen die Sonnenstrahlen einen viel längeren Weg durch die Lufthülle zurücklegen als beispielsweise am Mittag. Jetzt erreichen die roten und gelben Anteile des Sonnenlichts unser Auge.

Sei ein Wetterforscher

Wenn du morgens und abends den Himmel betrachtest, kannst du das Wetter vorhersagen und damit sicher deine Eltern oder Freunde beeindrucken: Folgt auf einen grauen Sonnenuntergang Morgenrot, so wird das Wetter schlechter und regnerisch. Abendrot und Morgengrau hingegen zeigen dir schönes Wetter an.

Augen auf!

Sommer im Wald und auf der Wiese

Ist dir in der Stadt zu heiß, dann nichts wie raus in den kühlen, angenehmen Wald! Dort – und auch auf den Sommerwiesen – gibt es jede Menge zu entdecken.

Kühl und frisch

Tagsüber dringt durch die dichte Baumkrone wenig Sonnenlicht in den Wald ein. Weil die Bäume zudem reichlich Wasser über ihre Blätter verdunsten, ist die Luft kühler als in der sonnigen Stadt (Verdunstungskälte, Seite 9). Mit dem Wasser verdunsten auch in den Blättern enthaltene ätherische Öle. Deshalb riecht es im Wald so gut.

Höhlen und andere Tierspuren

Mit etwas Glück findest du bei deinen Entdeckungstouren durch den

Schon gewusst?

Nachts ist es im Wald wärmer als in der Umgebung. Die dichten Baumkronen verhindern, dass die Wärme an die Lufthülle abgegeben wird.

Wald eine bewohnte Erdhöhle. Eine Dachshöhle erkennst du an einer langen Rutsche, die steil zum Eingang führt. Ein strenger Geruch und herumliegende Nahrungsreste wie Knochen oder Federn weisen auf einen Fuchsbau hin. An feuchten Stellen im Wald kannst du ein Schlammloch finden: Das ist die Suhle der Wildschweine. Sie wälzen sich im Schlamm, lassen ihn antrocknen und scheuern ihr Fell an einem Baumstamm ab. So befreien sie sich von lästigen Parasiten wie Zecken. Erkennst du an den Stämmen die trockenen Schlammreste?

Mäuse-Straßen

Manche Wiesen werden schon im Juni zum ersten Mal gemäht. Jetzt kannst du hier gut ein verzweigtes Netz von Gängen sehen, die in Löchern enden. Dabei handelt es sich um die Straßen der Feldmäuse, die oft wie Tunnel von Pflanzen bedeckt sind. Setz dich einmal ins Gras, bleib ganz ruhig sitzen und versuche, die Mäuse auf ihren Wegen von Loch zu Loch zu beobachten. Übrigens: Feldmäuse sind eine wichtige Nahrungsquelle für viele Raubtiere wie Fuchs, Bussard und Schleiereule.

Das Zirpen auf der Wiese

Ganz typisch für eine Sommerwiese ist das unermüdliche Zirpen der Heuschrecken. Mit diesem Konzert werben die Männchen um die Weibchen. Insekten in deiner nächsten Nähe verstummen jedoch sofort, wenn du mit deinen Füßen fest auftrittst. Bleib dann eine Weile ganz ruhig stehen und versuche, wenn das Gezirpe wieder einsetzt, durch Hören herauszufinden, wo die Heuschrecke sitzt. Kannst du sie sogar sehen? Das klingt einfacher, als es tatsächlich ist. Probier es aus!

Heuschrecken sitzen im unteren Bereich von Stängeln und Halmen, einige Arten auch in den Zweigen von Büschen und Bäumen. Die weiblichen Heuschrecken erkennst du am langen Legebohrer am Hinterleib, der oft für einen Stachel gehalten wird. Heuschrecken können aber nicht stechen – mit diesem Legebohrer legen die Weibchen ihre Eier ins Erdreich.

Weibchen

Männchen

Augen auf!

Geheimnisvolles Leuchten

In warmen Sommernächten sieht man die Leuchtkäfer, besser bekannt als Glühwürmchen. Dass es Käfer sind, erkennst du an den Männchen, die leuchtend umherfliegen. Das flugunfähige, etwa ein bis zwei Zentimeter lange Weibchen erinnert eher an eine Insektenlarve. Es sitzt im Gras oder zwischen Pflanzen am Boden und lockt mit seinen Leuchtsignalen die Männchen an.

Das Leuchten erzeugt es durch eine biochemische Reaktion, bei der – anders als bei Glühbirnen – keine Wärme entsteht. Daher fühlen sich die Käfer stets kalt an.

Ausgewachsene Käfer fressen nichts mehr und sterben bald nach der Paarung und Eiablage. Auch die Larven leuchten. Sie leben versteckt unter Steinen und Holzhaufen und ernähren sich von Schnecken.

Bei Dunkelheit kannst du nach den leuchtenden Weibchen suchen und sie im Licht der Taschenlampe betrachten. Beobachte die fliegenden Männchen. Setze ein Glühwürmchen vorsichtig in eine Becherlupe oder in ein Glas: Wie sehen die Käfer aus? Wo liegen die Leuchtorgane? Leuchten sie ununterbrochen oder geben sie Signale?

Wiesenblumen im Sommer

Eine Wiese bleibt eine Wiese, wenn sie regelmäßig gemäht oder von Tieren abgeweidet wird. Ohne Schnitt wachsen auch Sträucher und Bäume, sodass aus der Wiese nach vielen Jahrzehnten ein Wald entstehen würde.

Packe ein Blumenbestimmungsbuch ein und besuche an einem sonnigen Tag eine Wiese. Lerne zum Beispiel folgende Blumen kennen und beobachte, welche Insekten auf welche Blüten fliegen.

- ☐ Wiesenkerbel
- ☐ Großer Wiesenknopf
- ☐ Wiesenplatterbse
- ☐ Wiesenbocksbart
- ☐ Wiesenklee
- ☐ Wiesenstorchschnabel
- ☐ Wiesenglockenblume
- ☐ Wiesenlabkraut

Die Blumenuhr

Viele Blüten sind nicht Tag und Nacht geöffnet, sondern öffnen und schließen sich nach einem eigenen Rhythmus. An einem sonnigen Ferientag kannst du das auf einer Wiese gut beobachten. Viele Blumen sind Frühaufsteher, sodass du ein bestimmtes Stück Wiese zum ersten Mal vor Sonnenaufgang anschauen solltest. Dann betrachte es im Abstand von einer Stunde. Notiere jedes Mal in deinem Naturforscherbuch die Uhrzeit – auch wann die Sonne aufgeht – und schreibe dazu oder skizziere, welche Blumen geöffnet oder geschlossen sind. Nach einer Weile kannst du so aus der Öffnung der Blüten die Zeit ablesen.

Hier die „Öffnungszeiten" einiger Wiesenblumen:

☐ Klatschmohn: 5 bis 10 Uhr ☐ Löwenzahn: 8.30 bis 17 Uhr
☐ Königskerze: 5.30 bis 9.30 Uhr ☐ Ringelblume: 9 bis 12 Uhr
☐ Wegwarte: 5.30 bis 10 Uhr ☐ Nachtkerze: 19 bis 6 Uhr
☐ Zaunwinde: 6 bis 18 Uhr

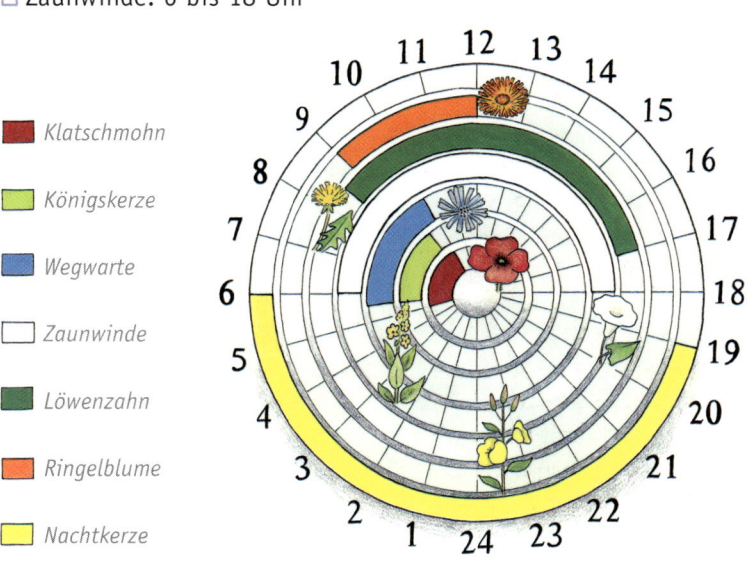

■ Klatschmohn

■ Königskerze

■ Wegwarte

☐ Zaunwinde

■ Löwenzahn

■ Ringelblume

☐ Nachtkerze

Augen auf!

Tiere im Sommer

Im Sommer haben die Insekten Hochsaison. Wo du auch hinschaust, entdeckst du sie: Käfer, Bienen, Schmetterlinge, Fliegen, Mücken ... Doch auch bei den Säugetieren, Vögeln, Kriechtieren und anderen Tiergruppen ist einiges los.

Das passiert im Juni:
- ☐ Beim Rotwild gibt es jetzt Nachwuchs.
- ☐ Der Vogelgesang nimmt ab, weil die Eltern mit dem Füttern der Jungen ausgelastet sind.
- ☐ Die Ameisen fliegen zu ihrem Hochzeitsflug.

Das passiert im Juli:
- ☐ In warmen Nächten leuchten Glühwürmchen.
- ☐ Kaulquappen entwickeln sich zu Fröschen, Kröten, Molchen.
- ☐ Die Singzeit der Singvögel endet.
- ☐ Taubenschwänzchen, die „Kolibrifalter", tauchen auf.

Das passiert im August:
- ☐ Grillen und Heuschrecken zirpen unüberhörbar auf den Wiesen.
- ☐ Abends gehen selbst in den Städten Fledermäuse auf Jagd nach Insekten.

☐ Weißstörche und Mauersegler verlassen uns und ziehen in den Süden.

▲ *kleine Libelle mit rotem Körper: Adonislibelle*

▲ *kleine Libellen mit blauem Körper: verschiedene Arten von Azurjungfern*

Hochzeit bei den Libellen ...
An Teichen und Seen mit vielen Pflanzen am Ufer kannst du jetzt unzählige Libellen beobachten. Im raschen Flug schießen sie auf der Jagd nach kleinen Insekten dahin oder bleiben minutenlang still in der Luft stehen. Jetzt paaren sich die Libellen: Männchen

Wie Libellen schlüpfen

Frühmorgens ist die beste Zeit, um einer Libelle beim Schlüpfen zuzuschauen. Suche dazu am Teich- oder Seeufer Bereiche, in denen Schilf- und andere Pflanzenstängel aus dem Wasser herausragen. An solch einem Stängel kriecht die Libellenlarve morgens aus dem Wasser. Der Panzer der Larve reißt am Rücken auf und die fertige Libelle kriecht heraus. Bis sie davonfliegt, dauert es noch eine halbe bis ganze Stunde. Das gibt dir ausreichend Zeit, um dieses Ereignis auf Fotos festzuhalten.
Erkennst du die häufigsten heimischen Libellen?

große Libelle ▶ mit breitem blauem oder gelbem Hinterleib: Plattbauch (blau sind die Männchen, gelb die Weibchen)

große Libelle ▶ mit blau-gelb-schwarz gemustertem Hinterleib: Mosaikjungfer

und Weibchen bilden im Flug ein Paarungsrad. Direkt nach der Paarung legt das Weibchen die Eier ins Wasser oder in ufernahe Pflanzen ab.

... und bei den Ameisen

Auch bei den Ameisen ist jetzt Paarungszeit. An einem sonnigen Junitag verlassen unzählige geflügelte Weibchen und Männchen das Nest und starten zu ihrem Hochzeitsflug. Hoch oben in der Luft paaren sie sich. Die befruchteten Weibchen werfen ihre Flügel ab und gründen als neue Königinnen einen Ameisenstaat.

Augen auf!

Flugübungen

Im Frühsommer sind einige Vogeleltern noch mit dem Brüten beschäftigt, andere suchen unermüdlich den ganzen Tag nach Futter, um die hungrigen Jungen satt zu bekommen. Und irgendwann ist dann für jedes Vogelkind der Tag da, an dem es das Fliegen übt. Wenn du mit offenen Augen durch die Natur gehst, kannst du in Ästen und Zweigen von Gebüsch und Bäumen junge Vögel entdecken und ihnen bei ihren ersten Flugübungen zuschauen.

Gibt es bei uns Kolibris?

Wenn vor den Blüten auf Balkon, Terrasse oder im Garten scheinbar ein kleiner Kolibri in der Luft steht und Nektar saugt, dann bist du einem Schmetterling begegnet – dem Taubenschwänzchen. Sein breiter Hinterleib ähnelt dem Federschwanz eines Vogels. Das Taubenschwänzchen, das auch „Kolibrifalter" genannt wird, ist ein Wanderfalter, der im Sommer aus den Mittelmeerländern über die Alpen zu uns fliegt.

Daran erkennst du flugfähige Jungvögel

Das Federkleid junger Sing-, Greif- oder Krähenvögel ist unscheinbarer als das der Alttiere. Es hat einen einheitlicheren Farbton. Die Federn sehen oft wollig aus, der Schwanz ist kürzer. Auffallend sind auch die hohen, rauen oder durchdringenden Bettelrufe, die sie ununterbrochen wiederholen, um von ihren Eltern gefüttert zu werden.

Heimische Greifvögel

Tagsüber kreisen zahlreiche Greifvögel am Himmel. Mäusebussarde fallen durch ihre lauten „Hijäh"-Rufe auf, Falken dadurch, dass sie immer wieder mit raschen Flügelschlägen in der Luft stehen bleiben. Heimische Greifvögel sind:

☐ Mäusebussard
☐ Rotmilan
☐ Sperber
☐ Habicht
☐ Turmfalke
☐ Baumfalke
☐ Wanderfalke

Hoch oben am Himmel

Im Juli jagen große Gruppen von Mauerseglern laut kreischend hoch über Stadt und Dorf. Mit ihrem breiten Maul sammeln sie kleine Fluginsekten. Von den Schwalben kannst du sie durch die langen sichelförmigen Flügel unterscheiden, zudem sind sie deutlich größer. An kühlen Tagen fliegen sie in viele Hundert Kilometer weit entfernte Gebiete mit schönem Wetter. Mauersegler verbringen fast ihr ganzes Leben in der Luft. Sie schlafen sogar im Flug. Pünktlich an den ersten Augusttagen verlassen sie uns wieder in Richtung Süden. Notiere jedes Jahr in deinem Naturforscherbuch, wann sie bei uns ankommen und wann sie wieder wegfliegen.

Augen auf!

Die Echse im Schuppenkleid

Emsig huscht eine Zauneidechse eine sonnige Mauer hoch, immer auf der Suche nach Nahrung. Wird sie gestört, verschwindet sie blitzschnell in einem engen Spalt. Im Sommer kannst du sie häufig an spärlich bewachsenen Bahndämmen, in Steinbrüchen und an Gartenmauern beobachten: Wie lange sonnt sie sich? Wann erscheint sie wieder aus dem Versteck, in das sie bei deinem Auftauchen verschwunden ist? Wie musst du dich nähern, damit sie dich nicht bemerkt? Welche Nahrungstiere erbeutet sie – und wie?

Aus dem Leben der Blattläuse

Blattläuse sind für Gärtner ärgerlich, weil sie Pflanzen stark schädigen können. Für Biologen jedoch sind sie faszinierend: Im Herbst paaren sich Blattlaus-Männchen und Blattlaus-Weibchen, und die Weibchen legen Eier ab, die den Winter überdauern. Im Frühjahr schlüpfen aus diesen Eiern ausschließlich Weibchen die nach kurzer Zeit lebende Junge zur Welt bringen – wiederum Weibchen –, ohne dass die Befruchtung durch ein Männchen notwendig ist. Diese ungeschlechtliche Vermehrung geschieht rasant: Würden alle Nachkommen einer Blattlaus überleben, hätte sie 170 Billionen oder 170.000.000.000.000 Blattläuse geboren!

Im Herbst bringen die Blattlaus-Weibchen dann weibliche und männliche Junge zur Welt, die sich paaren. Die Weibchen legen befruchtete Eier ab – und der Kreislauf beginnt von vorn.

Übrigens: Natürliche Feinde von Blattläusen sind Marienkäfer. Sie fressen große Mengen von Blattläusen und halten die Schädlinge auf diese Weise in Schach.

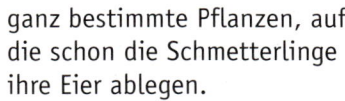

Von der Raupe zum Falter

Schaust du dir Sträucher, Kräuter und Pflanzen am Wegrand an, wirst du schon bald Löcher in den Blättern entdecken. Sie stammen von Raupen, die jedoch nicht wahllos irgendwelche Blätter fressen. Jede Art bevorzugt ganz bestimmte Pflanzen, auf die schon die Schmetterlinge ihre Eier ablegen.

Raupen sind wahre Fressmaschinen, die unermüdlich Nahrung zu sich nehmen. Sie wachsen also ständig, sodass ihre Haut bald zu eng wird und aufplatzt. Darunter kommt eine größere Raupe zum Vorschein. So geht das fünf- bis siebenmal in einem Sommer. Dann verpuppt sich die Raupe und das Insekt entwickelt sich in dieser Hülle zum fertigen Falter. Bei manchen Arten schlüpft der Falter noch im selben Sommer, bei anderen überwintern Eier, Raupen oder Puppen.

Entwicklung eines Distelfalters

Augen auf!

Mein Sommer

Zu keiner Zeit des Jahres macht es mehr Spaß, draußen zu sein. Die Tage sind lang und warm, die Sommerferien stehen an. Und so hast du jede Menge Zeit, Wald, Wiese, Teich und Tümpel in ihrer ganzen Vielfalt kennenzulernen!

Naturforscher im Sommer

In der warmen Jahreszeit sind die meisten Säugetiere und Vögel mit der Aufzucht der Jungen beschäftigt. Lurche, Kriechtiere und Insekten überlassen ihre Brut sich selbst. Jetzt kannst du in allen Lebensräumen Jungtiere entdecken: winzige Wolfsspinnen und junge Eichhörnchen im Wald, Raupen und Rehkitze auf der Wiese, Minifrösche und Libellenlarven am Wasserrand.

Dein Sommerversteck

Suche in deiner Nähe ein ruhiges, geheimes Fleckchen Land, das in diesem Sommer nur dir und deinen Freunden gehört. Das kann ein Gebüsch am Hang sein, ein Wiesenplatz in einer Senke oder ein Ort direkt am Bachlauf.

Besuche die Stelle immer wieder, so lernst du die Veränderungen im Lauf des Sommers kennen. Hier findest du sicher auch einen geheimen Platz für deine Schätze, die nur dich und deine Freunde etwas angehen.

Die richtige Ausrüstung für Sommerforscher

Wichtigste Regel für Sommerforscher: In den Rucksack gehören auf jeden Fall Sonnenschutz und ausreichend Getränke! Was du sonst noch brauchst, hängt von deinen Forscherplänen ab.

Das muss mit!

Ob du T-Shirt und kurze Hose oder Kleidung mit langen Ärmeln und Hosenbeinen trägst, hängt zum einen vom Wetter ab, zum anderen davon, was du unternehmen möchtest. Sicher ist: Das Durchstreifen von Gebüsch und Gestrüpp in Wald und Feld macht mit geschützten Armen und Beinen mehr Freude. Wähle auf jeden Fall bequeme und robuste Kleidung, die du dreckig machen kannst. Feste Schuhe sind für einen Naturforscher immer angebracht. Außer den Ausrüstungsgegenständen, die du schon als Frühlingsforscher bei dir hattest (Seite 24/25), benötigst du noch Folgendes:

- ☐ Sonnenhut oder -kappe
- ☐ Sonnencreme
- ☐ flache, durchsichtige Plastikschale zum Beobachten von Teichtieren in etwas Wasser
- ☐ alter Handspiegel mit Stiel, um das Leben unter den Schwimmblättern zu erkunden
- ☐ ausreichend Wasser oder Fruchtsaftschorle

Blumenpresse

Mit gepressten Blumen kannst du nicht nur Schachteln, Papierbögen und Heftdeckel verschönern, sondern auch Pflanzen kennenlernen. Dazu klebst du die gepresste Pflanze auf ein Blatt Papier und beschriftest es mit dem deutschen und dem wissenschaftlichen Pflanzennamen sowie dem Fund- oder Standort (Wiese, Waldrand, unter Gebüsch etc.). Außerdem kannst du auf dieses Blatt eine kleine Papiertasche kleben und weitere Pflanzenteile darin sammeln: Früchte, Samen oder Blütenteile.

Jedes Blatt kannst du in eine Prospekthülle stecken und in einem Ordner aufbewahren. So entsteht langsam ein Herbarium.

So presst du Pflanzen richtig

Beim Pflanzenpressen musst du sehr vorsichtig sein, damit keine Teile abbrechen.

1. Lege die Pflanze auf ein Blatt Papier.
2. Ordne die Teile schön an und decke die Pflanze mit Lösch- oder Fließpapier ab.
3. Dickere Pflanzenteile musst du zuvor rundum mit gefaltetem Fließpapier auspolstern. Nur so liegt der nächste Papierbogen gerade.
4. Schließe die Blumenpresse vorsichtig.
5. Wenn die Pflanzen richtig getrocknet sind, fühlen sie sich nicht kalt oder feucht an. Teste das mit deinem Handrücken.

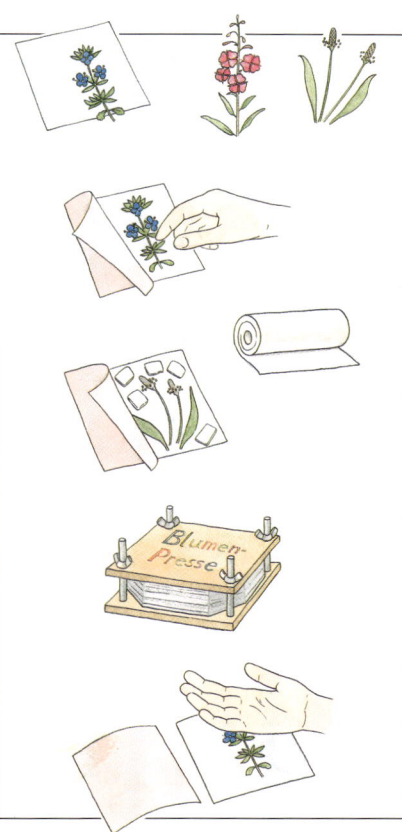

Unterwegs

Sommerforscher auf Entdeckungsreise

Juni, Juli und August sind die Sommermonate, so steht es im Kalender. Doch die Natur folgt ihren eigenen Regeln und Gesetzen und hält sich nicht immer daran.

Wann beginnt bei dir der Sommer?

Finde einfach selbst heraus, wann der Sommer in deiner Gegend beginnt, und trage hier oder in dein Naturforscherbuch das Datum ein – es kann sich von Jahr zu Jahr verändern.

Der Frühsommer beginnt, wenn diese Pflanzen blühen:

◆ Robinie,
◆ Holunder,
◆ Gräser;
◆ wenn die Erdbeeren reif werden,
◆ wenn das Heu zum ersten Mal geerntet wird.

Der Hochsommer beginnt, wenn diese Pflanzen blühen:

◆ Kornblume,
◆ Winterlinde;
◆ wenn erste Früchte reifen bei Süßkirschen,
◆ Johannisbeeren,
◆ Stachelbeeren.

Der Spätsommer beginnt, wenn

◆ sich beim Heidekraut die ersten Blüten öffnen;
◆ erste Früchte reifen bei Eberesche (Vogelbeere),
◆ Frühpflaume,
◆ Frühapfel;
◆ wenn die Wiesen zum zweiten Mal gemäht werden (Heu- oder Grummeternte).

Wann geht die Sonne auf und unter?

Tag	Aufgang	Untergang
1. Juni	ca. 4.15 Uhr	ca. 20.20 Uhr
15. Juni	ca. 4.10 Uhr	ca. 20.30 Uhr
1. Juli	ca. 4.15 Uhr	ca. 20.30 Uhr
15. Juli	ca. 4.30 Uhr	ca. 20.25 Uhr
1. August	ca. 4.50 Uhr	ca. 20.00 Uhr
15. August	ca. 5.10 Uhr	ca. 19.40 Uhr
31. August	ca. 5.30 Uhr	ca. 19.00 Uhr

Die angegebene Uhrzeit ist die Mitteleuropäische Zeit (MEZ). Während der Sommerzeit musst du eine Stunde zu der angegebenen Uhrzeit dazuzählen.

Unter Spinnen

Sind dir im sommerlichen Wald oder auf der Wiese schon einmal braune Spinnen aufgefallen, an deren Hinterleib eine hellbraune Kugel klebt? Das sind Wolfsspinnen, die ihre Eier in einem Kokon mit sich herumtragen. Wenn die jungen Spinnen geschlüpft sind, bleiben sie noch eine Weile auf dem Rücken der Mutter. Willst du sie beobachten, dann leg dich ganz still auf den Boden, denn Wolfsspinnen

eilen bei jeder noch so kleinen Erschütterung schnell weg. Ist dir der Boden zu kühl, leg einfach eine Isomatte oder Decke unter.

Unterwegs

Die Wiesenapotheke

Auf unseren Wiesen und an Weg-
rändern wachsen jetzt zahlreiche
Heilkräuter: Echte Kamille, Wiesen-
salbei, Beinwell, Johanniskraut und
Echter Baldrian gehören dazu.
Pflücke die jungen Blätter und die
gerade aufblühenden Blüten. Achte
aber darauf, dass du nur dort
Kräuter sammelst, wo Straßen fern
sind und keine Pflanzenschutz-
mittel gespritzt wurden.

Lerne die Kräuter kennen!

Willst du die heimischen Wildkräu-
ter kennenlernen, schreibe die Namen der wichtigsten Arten auf ein
Blatt Papier. Klebe ein Bild oder
Foto sowie eine kurze Beschreibung
dazu. Dann gehe allein oder mit
Freunden auf Kräutersuche und
sammle die aufgelisteten Pflanzen.
Schaue dir die Blüten an, nimm
den intensiven Duft der Blätter
wahr und ergänze deine Angaben
auf dem Papier: Wo steht die Pflanze: am Wegrand, auf einer Waldlichtung, am Ufer eines Teichs oder
Sees? Welche Insekten besuchen
ihre Blüte? Welche Pflanzen wachsen neben ihr?
Wenn du mit Freunden unterwegs
bist, könnt ihr zum Schluss noch
ein kleines Spiel machen: Gebt alle
gefundenen Pflanzen in einen großen Beutel und verbindet euch die
Augen. Jeder zieht eine Pflanze, er-
tastet sie und riecht an ihr: Na, wie
hieß sie noch?

Heimische Wildkräuter

Brennnessel	*Löwenzahn*	*Johanniskraut*	*Beinwell*
Wiesensalbei	*Frauenmantel*	*Kamille*	*Baldrian*
Weiße Taubnessel	*Gänseblümchen*	*Schafgarbe*	*Spitzwegerich*

Erste Hilfe!

Bei kleinen Wehwehchen helfen rasch bestimmte Pflanzen. Damit du sie anwenden kannst, musst du sie natürlich erkennen!

☐ Blasen an den Füßen: Blätter vom Spitzwegerich darauf legen

☐ Insektenstich oder an Brennnesseln verbrannt: Blätter vom Spitzwegerich zerreiben und den Saft auf die betroffene Hautstelle auftragen

☐ Sonnenbrand: Blätter der Schafgarbe auf die Haut legen

Unterwegs

Leckere Sommerfrüchte

Sommerzeit ist Beerenzeit:
Jetzt reifen Himbeeren, Wild-
erdbeeren, Johannisbeeren,
Stachelbeeren, Brombeeren,
Preiselbeeren und Heidelbeeren.

Beeren-Obst-Salat: Steche
aus einer Wasser- oder Honig-
melone kleine Kugeln aus und
mische sie vorsichtig unter
verschiedene Beeren. Gib etwas Zitronensaft dazu und
schon hast du einen
leckeren Obstsalat.

Beeren-Pfannkuchen: Rühre
einen Pfannkuchenteig aus
zwei Eiern, 250 Gramm Mehl,
einer Prise Salz und einem halben Liter Milch an. Gib eine
Handvoll gemischte Beeren
darunter. Erhitze etwas Fett in
einer Pfanne und gib eine Kelle
Teig hinein. Backe beide Seiten
aus, bis sie schön gebräunt
sind. Bestreue den Pfannku-
chen mit einer Mischung aus
Zucker und Zimt. Statt der
Beeren kannst du auch Holun-
derblüten, Gänseblümchen oder
Borretsch vor dem Ausbacken
unter den Teig mischen.

Basteleien mit Gräsern und Blüten

Gräser und Blüten ergeben ein
schönes Webbild. Du brauchst
dazu:
☐ Pappe in DIN-A4- oder
   DIN-A5-Größe
☐ reißfestes Baumwollgarn in
   bunten Farben

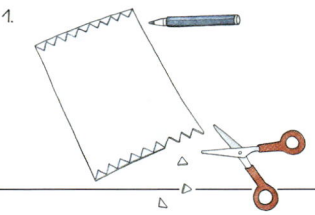

An Teich und Tümpel

Weder im Wald noch auf der Wiese
findest du auf kleiner Fläche so
viele verschiedene Lebewesen wie
an See, Tümpel und Teich:
Auf der Wasseroberfläche flitzen
Wasserläufer und Wasserkäfer wie
Schlittschuhläufer umher, an der
Unterseite von Seerosenblättern
kriechen Schnecken und Egel und
im ufernahen Wasser zwischen
üppigen Wasserpflanzen tauchen
Rückenschwimmer und Wasserkäfer.
Sei bei deinen Beobachtungen am
Wasser immer vorsichtig und achte
darauf, dass du sicher stehen oder
knien kannst!

Schneide in die Schmalseiten der Pappe Zickzack-Kanten und spanne das Baumwollgarn über die Längsseiten. Nun kannst du lange Halme verschiedener Gräserarten einzeln oder in kleinen Bündeln zwischen die gespannten Fäden einweben.

Achte darauf, dass die Schichten eng aneinander liegen, da sonst Löcher im Webbild entstehen können, wenn die Gräser getrocknet sind. Wenn du magst, verschönere dein Bild zum Schluss mit eingewebten Blüten an langen Stängeln.

2.
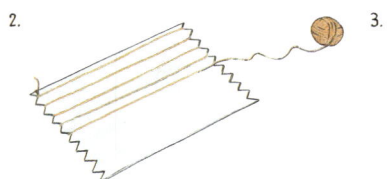

3.

Flinke Räuber

Fange einen Wasserläufer mit deinem Kescher und beobachte ihn mit der Lupe in einer mit Wasser gefüllten flachen Schale. Wie bewegt er sich auf der Wasseroberfläche? Wirf eine kleine tote Mücke, die du zum Beispiel auf der Windschutzscheibe eines Autos gefunden hast, auf die Wasseroberfläche. Was passiert? Notiere deine Beobachtungen in deinem Naturforscherbuch.

Wichtig!

Denk immer daran: Wassertiere dürfen nicht austrocknen. Setze sie zum Beobachten in ein Gefäß mit kühlem Wasser, stelle sie immer in den Schatten und lasse die Tiere nach kurzer Zeit wieder frei.

unterwegs

Wassertier-Beobachtungstipps:

Beobachte mit einer Lupe Details bei Wassertierchen:

☐ Taumelkäfer haben vier Augen, zwei zum Sehen über Wasser und zwei für unter Wasser.

☐ Rückenschwimmer bewegen sich ruckartig fort, mit langen ruderförmigen und dicht behaarten Hinterbeinen. Sie schwimmen auf dem Rücken liegend. Achtung: Diese Wanzen können stechen!

☐ Gelbrandkäfer und andere Unterwasserkäfer haben kräftige Mundwerkzeuge am Kopf, mit denen sie ihre Beute (Kaulquappen, Wasserinsekten und kleine Fische) packen und zerreißen.

Wer taucht am längsten?

Einige Tiere können ziemlich lange unter Wasser bleiben:

☐ Eisvogel: 3 Sekunden
☐ Wasserspitzmaus: 24 Sekunden
☐ Fischotter: 45 Sekunden
☐ Haubentaucher: 50 Sekunden
☐ Stockente: 1 Minute
☐ Biber: 2 Minuten
☐ Wasserfrosch:
    2 Minuten 40 Sekunden

Wie lange kannst du tauchen? Im Schwimmbad oder an einem Badesee kannst du deine und die Tauchzeit deiner Freunde stoppen. Könnt ihr es länger als ein Eisvogel?

Das Aquaskop

Wie wäre es mit einem Gerät, mit dem du ganz ohne Störung schauen kannst, was sich unter der Wasseroberfläche abspielt? Du kannst es dir einfach bauen! Du brauchst dazu:

☐ 1 Buttermilch- oder großen Joghurtbecher
☐ 1 durchsichtige Plastikfolie
☐ Paketklebeband und Paketschnur

Zuerst schneidest du mit einer Schere den Boden des Bechers heraus. Dann ziehst du die Plastikfolie straff über diese Öffnung und klebst sie mit Paketklebeband fest – fertig!

Halt dein Aquaskop mit der Folie nach unten ins Wasser und schau dir die Fische und die anderen Wasserlebewesen in Teich und See oder auch im Meer an. Pass stets auf, dass kein Wasser über den Becherrand hineinfließt.

Ein Blick in die Unterwasserwelt

Mit einem Handspiegel, den du fest mit einem Stab verbunden hast, kannst du einen Blick auf die Unterseite von Seerosen- und anderen Blättern werfen: Schlammschnecken & Co. weiden den feinen Algenbelag ab und Egel warten auf vorbeischwimmende Fische, um Blut zu saugen. Was erkennst du noch?

Unterwegs

Feiern im Sommer

Begrüße den Sommer gebührend mit einem Fest im Freien! Anlässe für Feiern mit deinen Freunden und deiner Familie gibt es genug!

Sommerfest-Ideen

Sonnwendfest: Entzündet am Abend des Johannistags zur Sommersonnenwende ein Feuer. Wählt dazu einen geeigneten Platz wie eine öffentliche Grill- oder Feuerstelle. Bringt einen Hefe- oder Brotteig von zu Hause mit, wickelt den Teig um Stöcke und haltet sie über die Glut. Zu diesem Stockbrot schmecken frisch gegrillte Würstchen oder in Alufolie gewickelter, leicht gewürzter Schafskäse, den ihr 15 Minuten lang in die Glut legt.

Wasserfest: Macht an einem kühlen Bach, am Ufer eines Badesees oder am Strand ein großes Wasserfest mit Ball- und Tauchspielen. Wie wäre es zum Beispiel mit einem Wettrennen aus selbst gefalteten und mit wasserfester Farbe bemalten Papierbooten?

Wer treibt mit seiner Puste sein Boot am schnellsten ins Ziel? Ihr könnt auch einige bemalte Stöckchen als Fische aussetzen. Wer kann sie am schnellsten mit den bloßen Händen, einem Ast oder den Füßen angeln?

Naturrallye: Die Naturrallye sollte gut vorbereitet werden. Eine Gruppe geht den Weg vorab entlang und denkt sich verschiedene Fragen und Aufgaben aus, die sie auf einen Zettel schreibt: Welches Getreide wird auf dem Feld angebaut? Bringe zehn verschiedene Blätter mit usw.! Sind zehn bis 20 Aufgaben formuliert, startet die zweite Gruppe mit dem Versuch, alle Aufgaben zu lösen.

Nächtlicher Sommerausflug

Manche Sommernächte sind viel zu heiß zum Schlafen. Und das spricht für einen Nachtausflug mit deinen Freunden und Eltern. Trefft euch in den hellen Abendstunden und packt eure Rucksäcke für eine spannende Nachtwanderung.

Ziele bei Nacht

Besonders schöne Ziele für sommerliche Nachtwanderungen sind abwechslungsreiche Gebiete, in denen du verschiedene Lebensräume erkunden kannst: den Waldrand, eine Waldlichtung, ein Gebüsch entlang von Feldwegen, das Ufer eines Sees, Teichs oder Bachlaufs. Dort könnt ihr auch verschiedenen Tieren begegnen: Igel, Dachs, Marder, Fuchs – und den unheimlichen Rufen der Eulen lauschen.

Checkliste Nachtwanderung:

☐ Taschenlampe
☐ warme Kleidung
☐ isolierende Unterlage zum
  Sitzen
☐ Imbiss und Getränk

Auf Sternschnuppenjagd

Fern der beleuchteten Städte und Straßen könnt ihr unzählige Sterne am Nachthimmel erkennen. Und vielleicht sogar Sternschnuppen! In normalen Nächten kannst du etwa zehn Sternschnuppen pro Stunde beobachten. In den Nächten vom 15. Juli bis zum 18. August jedoch sind besonders viele Sternschnuppen zu sehen.

Dann bewegt sich die Erde auf ihrer Umlaufbahn um die Sonne durch riesige Ansammlungen von kleinen Meteoritensplittern, den Sternschnuppenschwärmen. Geraten diese Splitter in die Atmosphäre der Erde, verglühen sie in einer leuchtenden Bahn.

Im Sommer reist die Erde durch den reichsten Schwarm mit bis zu 90 Sternschnuppen in der Stunde. Legt euch auf eine dicke Decke und schaut in den Nachthimmel. Hast du eine Sternschnuppe ent-deckt? Dann wünsch dir was. Oder siehst du sogar viele? Zähle die Sternschnuppen in einem bestimmten Zeitraum (zehn, 20 oder 30 Minuten).

Glühwürmchen-Spiel

Teilt euch in zwei Gruppen auf. Die Kinder einer Gruppe bekommen je eine Taschenlampe und verstecken sich einzeln in der Nähe. Ab und zu gibt jedes Kind mit der Taschenlampe – wie ein Glühwürmchen – Lichtsignale. Die Kinder der anderen Gruppe suchen nach den versteckten Freunden.

Eine Nacht im Wald

Es gibt nichts Schöneres als eine Nacht im Wald. Da man aber nicht einfach irgendwo übernachten darf, erkundige dich im Rathaus nach dem Förster des Waldes und frage ihn, ob und wo du mit deinen Freunden und Eltern ein Nachtlager aufschlagen darfst. Dort angekommen, verhaltet ihr euch ganz still und hört auf die Laute der Nacht. Klingt es nicht völlig anders als tagsüber? Bleibt stets zusammen und kuschelt euch mit euren Schlafsäcken aneinander. Weil eine Sommernacht kurz ist, hört ihr schon bald die ersten Vögel. Dann ist es Zeit für einen warmen Schluck Tee aus der Thermoskanne und für eine ganz frühe Morgenwanderung. Vielleicht könnt ihr die Rehe beim Äsen beobachten!

Indianerfest

Indianer sind dafür bekannt, dass sie perfekte Spurenleser sind, aber auch dafür, dass sie sehr respektvoll mit allen Lebewesen umgehen. Macht es wie die Indianer – und verbringt einen Tag im Einklang mit der Natur!

Indianer sein für einen Tag

Der Gedanke, die Welt zu beherrschen, ist den Indianern völlig fremd. Ihre Kulturen leben stets im Einklang mit der Natur. Damit sie das können, nehmen sie sehr aufmerksam wahr, wie Tiere und Pflanzen leben. An eurem Indianertag seid ihr selbst Indianer und versucht, die Natur mit allen Sinnen zu entdecken.

Spurenleser

Du suchst für dich und deine Familie oder Freunde einen schönen Platz in der Natur. Dort versucht ihr – wie ein Indianer –, nicht aufzufallen: Seid ganz still und verständigt euch über Handzeichen, die ihr zuvor ausgemacht habt. Bewegt euch so langsam, wie es die meisten Tiere üblicherweise tun: Tiere bewegen sich nur dann rasch, wenn sie jagen oder auf der Flucht sind. Achtet auf all die Spuren, die euch verraten,

dass dort Tiere leben. Das sind zum Beispiel Vogelrufe, Kothaufen, Gewölle, Federn, Nester, Tritt- und Fußspuren, Eingänge zu Erdhöhlen,

Schatzsuche nach Indianerart

Für dieses Spiel teilt ihr euch in zwei Gruppen auf. Die erste Gruppe startet fünf bis zehn Minuten vor der zweiten Gruppe. Sie versteckt einen Schatz, zum Beispiel einige Früchte oder eine kleine Tüte Gummibärchen. Damit die zweite Gruppe diesen Schatz finden kann, hinterlässt die erste Gruppe an einigen Stellen kleine Zeichen, wie zum Beispiel einen deutlichen Fußabdruck, einen kleinen roten Faden oder einen unauffälligen Pfeil aus Ästchen am Boden. Wichtige Regel: Alle bewegen sich so lautlos wie möglich durch das Gelände!

das Trommeln eines Spechts. Versucht, mithilfe eines naturkundigen Erwachsenen oder mit Bestimmungsbüchern herauszufinden, von welchem Tier die Spuren stammen.

Pfeil und Bogen

Du brauchst etwa zwei Zentimeter starke, frische Haselnuss- oder Weidenäste, die ungefähr einen Meter lang sind. Schnitze einen Zentimeter von jedem Ende entfernt ringsum eine Vertiefung. Binde nun eine Schnur zunächst in einer Kerbe fest, biege den Stock und mache die Schnur mit einer Schlaufe auch am anderen Ende fest. Schon ist der Bogen gespannt!

Für die Pfeile nimmst du dünne Haselnussäste oder trockene Binsenstöcke, die du vorne zuspitzt. Hinten schnitzt du eine Kerbe ein.

Nun kann das Ziel- oder Weitschießen beginnen: Sorgt dafür, dass keine unschuldigen Bleichgesichter getroffen werden und dass keiner in die Schussbahn läuft!

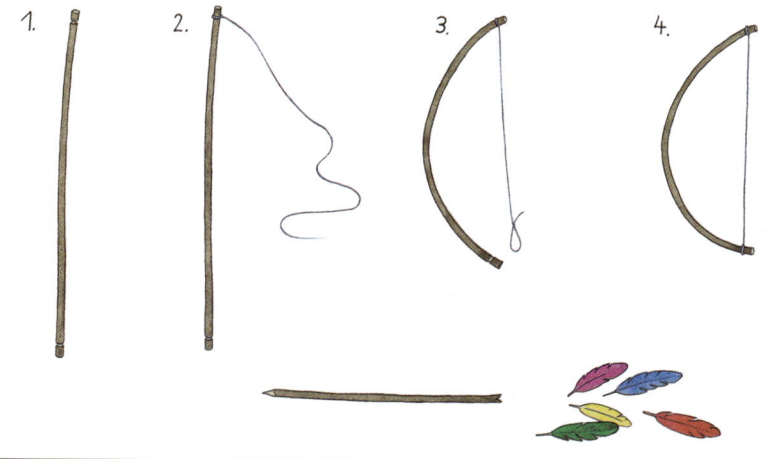

1.   2.   3.   4.

Feiern und Erleben

Entdecke den Herbst!

Es ist einfach so: Der Herbst ist etwas ganz Besonderes! Als ob jemand in einen großen Farbtopf gegriffen hätte, ist alles in gelbe, rote und braune Töne getaucht. Was gibt es da Schöneres, als draußen in der Natur unterwegs zu sein und den Herbst mit seinen kleinen und großen Wundern zu entdecken?

Vorbereitung auf den Winter

Im September, Oktober und November bereiten sich die Pflanzen und Tiere auf den kommenden Winter vor. Die Pflanzen stellen ihren Stoffwechsel ein, ihre oberirdischen Teile sterben im Laufe des Herbstes ab und nur die geschützten Wurzeln überleben den Winter. Die Kastanien sind reif und fallen bei den ersten Herbststürmen prasselnd zu Boden. Feine Spinnfäden fliegen durch die Luft, die Früchte und Samen reifen heran und die Laubbäume verlieren ihre Blätter. Dazwischen suchen fleißige Tiere nach Wintervorräten und geschützten Unterkünften für die kalte Jahreszeit. Und auf den Stromleitungen treffen sich Tausende von Zugvögeln, die vielleicht schon morgen in den warmen Süden starten. Jetzt hat der Herbst begonnen!

Herbstzeit

Die Sommerblumen sind verblüht, die Getreidefelder gemäht und die Sonne steht nicht mehr so hoch am Himmel. Daran, und an vielem mehr, kannst du erkennen, dass der Herbst beginnt.

Herbst bei den Astronomen

Im Herbst werden die Tage kürzer und die Nächte länger. Für die Astronomen, das sind die Sternenforscher, ist an dem Tag Herbstanfang, an dem die Nacht genauso lang ist wie der Tag: nämlich zwölf Stunden. Das ist jedes Jahr am 22. oder 23. September so – und zwar auf der ganzen Welt. Dieser Tag heißt Tagundnachtgleiche. Er ist der Beginn des Herbstes.

Der Herbst endet mit der Sonnenwende am 21. oder 22. Dezember.

Herbst bei den Wetterforschern

Für die Meteorologen, die Wetterforscher, beginnt der Herbst schon am 1. September und endet am 30. November. Und wann beginnt für dich der Herbst? Dann, wenn es zum ersten Mal stürmt oder wenn die Blätter sich bunt färben?

Gibt es einen Herbst in Afrika?

Einen Herbst, ähnlich wie du ihn kennst, gibt es nur im äußersten Norden und Süden Afrikas. Die anderen Länder dieses Kontinents liegen so nah am Äquator, dass sie das ganze Jahr über ungefähr gleich viel Sonne bekommen: Zwölf Stunden dauert der Tag, zwölf Stunden die Nacht. Deshalb gibt es hier keine Jahreszeiten. Dennoch ist nicht jeder Tag gleich: Regen- und Trockenzeiten, also Zeiten, in denen es viel oder gar nicht regnet, bestimmen hier den Jahreslauf.

21. Juni

Die Jahreszeiten

Jedes Jahr kreist die Erde einmal um die Sonne auf einer Bahn. Die Jahreszeiten entstehen, weil die Erdachse nicht senkrecht auf dieser Umlaufbahn steht, sondern schräg. Dadurch bekommt auf diesem Weg um die Sonne ein Teil der Erde mehr Sonne als der andere.

Wenn bei uns Sommer ist, ist die Nordhalbkugel, auf der auch Deutschland und Europa liegen, der Sonne zugewandt und bekommt mehr Sonne. Auf der Südhalbkugel ist jetzt Winter. Am Herbst- und Frühlingsanfang werden beide Erdhälften gleichermaßen beleuchtet, das heißt, der Tag dauert überall zwölf Stunden. Dieser Tag heißt Tagundnachtgleiche und ist der Beginn des Herbstes bzw. Frühlings.

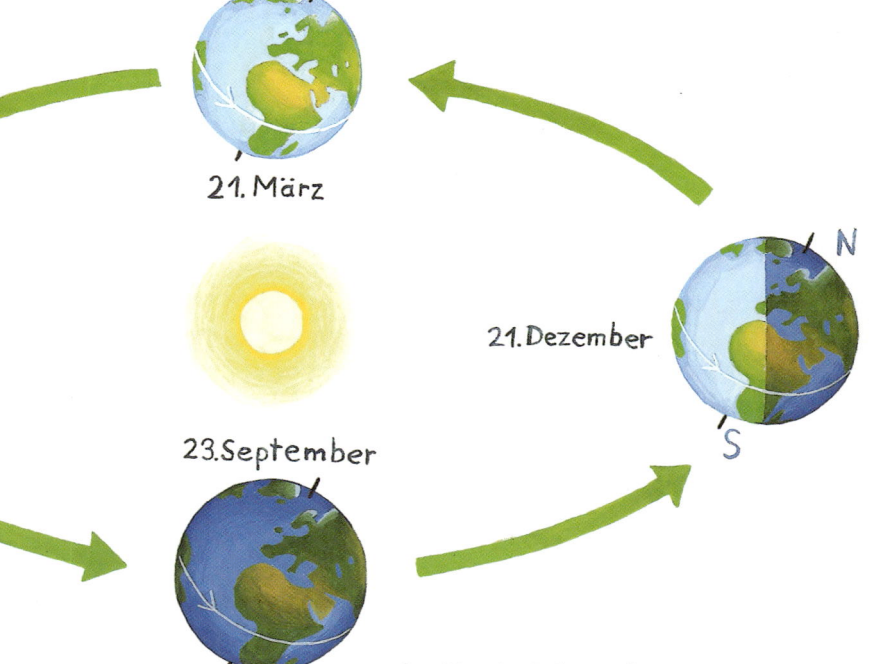

21. März

21. Dezember

N

S

23. September

Der Weg der Erde um die Sonne

Augen auf!

Herbstwetter

Wärmender Sonnenschein, stürmischer Wind, heftige Regengüsse, dichte Nebelschwaden – so vielfältig ist das Herbstwetter.

So entsteht der Wind

Die Sonne erwärmt die Luft und die Luft steigt nach oben. Kühlere Luft strömt an die Stelle der nach oben steigenden Warmluft. So entsteht Wind, der immer zwischen kalten und warmen Gebieten weht. Je größer der Temperaturunterschied zwischen warmem und kaltem Gebiet ist, umso stärker windet es.

Wie wird die Stärke des Windes gemessen?

Der Wind wird nach Windstärken gemessen. Bei Windstärke 0 ist es windstill und kein Wind weht. Die höchste Windstärke ist 12. Das ist ein Orkan, der oft große Verwüstungen verursacht. Versuche einmal selbst, die Stärke des Windes zu erkennen oder zu messen. Mithilfe der Windstärken-Tabelle kannst du ein Wind-Tagebuch führen. Bei welcher Windstärke fliegt dein Drachen am besten?

Woher weht der Wind?

An vielen Orten herrscht eine bestimmte Windrichtung vor, bei uns zum Beispiel meist aus Westen. Das kannst du an Baumstämmen erkennen. Auf ihrer Westseite – die auch Wetterseite genannt wird – tragen sie oft eine dicke Moosschicht. Das kommt durch das vermehrte Regenwasser, das der Wind an die Stämme weht. Auch an der Wuchsform von Bäumen und Sträuchern erkennst du die Hauptwindrichtung. Achte bei einem Waldspaziergang oder bei deiner nächsten Reise in sehr windige Berg- oder Küstenabschnitte darauf.

Die Windstärken

Windstärke	Windname	Wirkung auf dem Land
0	windstill	Rauch steigt senkrecht hoch.
1	schwacher Wind	Die Windrichtung ist an Rauch erkennbar, Fahnen bewegen sich nicht.
2	schwacher Wind	Du kannst den Wind im Gesicht fühlen. Die Blätter an den Bäumen rascheln.
3	leichter Wind	Blätter und dünne Zweige bewegen sich. Leichte Fahnen, z. B. Landesfahnen, stehen im Wind.
4	mäßiger Wind	Staub und Papierfetzen werden aufgewirbelt, kleine Äste bewegen sich.
5	frische Brise	Kleine Laubbäume und unbelaubte größere Äste bewegen sich. Wenn du jetzt einen Drachen steigen lässt, könnte die Drachenschnur reißen.
6	starke Brise	Größere Äste und kleinere Bäume bewegen sich im Wind. Das Öffnen eines Schirms ist schwierig.
7	steife Brise	Mittelgroße Bäume werden bewegt. Starker und heulender Wind. Gegen den Wind zu gehen, ist schwierig.
8	stürmischer Wind	Zweige und kleinere Äste brechen ab.
9	Sturm	Leichte Beschädigungen an Häusern, z. B. Ziegel werden vom Dach geblasen.
10–12	starker Sturm bis Orkan	Ernste Schäden an Häusern, bis hin zu schwersten Verwüstungen.

Augen auf!

Am frühen Herbstmorgen

Die Nächte werden kälter und immer häufiger ist die Wiese am frühen Morgen von Tautropfen übersät, bald vielleicht sogar vom ersten Raureif. Jetzt erst kannst du sehen, wie viele verschiedene Spinnen auf einer Wiese oder in einer Hecke leben.

> **Schon gewusst?**
> In nur 40 Minuten baut eine Kreuzspinne ein Nest, das im Durchmesser 18 Zentimeter misst. Sie braucht dazu einen etwa 18 Meter langen Spinnfaden.

Zwischen Halmen, Stängeln und Zweigen erkennst du ihre feinen Netze. Die feinen Tautröpfchen auf den Fäden machen sie sichtbar und zeigen dir, wie dicht die Spinnen ihren Lebensraum besiedeln. Zähle einmal die Netze auf einer Fläche von einem Meter mal einem Meter. Ganz schön viele – nicht wahr?

Wie entsteht Morgentau?

Sicher ist dir das auch schon aufgefallen: Meist bleiben deine Schuhe trocken, wenn du frühmorgens eine Wiese oder Rasenfläche überquerst. Manchmal hingegen hast du schon nach wenigen Metern richtig nasse Schuhe. Dann liegt Tau auf den Gräsern. Wenn die Luft in klaren, windstillen Nächten nachts abkühlt, setzen sich an Gräsern und Pflanzen, auch an Autoscheiben, kleine Wassertropfen ab. Sie verdunsten wieder, wenn sich die Luft durch die Sonnenstrahlen erwärmt.

Wie entsteht Nebel?

Wenn die Temperatur der bodennahen Luft sinkt, kann sie nicht mehr so viel Wasser aufnehmen. Das Wasser in der Luft sammelt sich in feinsten Tröpfchen – das ist Nebel. Oft entsteht dieser Bodennebel schon kurz nach Sonnenuntergang. Wiesen und Täler entlang eines Flusslaufes sind dann eingehüllt in einen dunstigen Schleier. Jetzt kannst du beobachten, wie die ersten Nebelschwaden entstehen. Sie schweben unmittelbar über dem Boden.

Besonders im November gibt es auch viele Tage mit Hochnebel. Dann schafft es die tief stehende Sonne nicht, eine wasserdampfreiche Luftschicht durch Erwärmung aufzulösen, und es bildet sich eine geschlossene, einförmige Wolkenschicht.

Altweibersommer

Hast du auf einem Spaziergang schon einmal gesehen, wie an einem sonnigen Nachmittag im Herbst unzählige feine Fäden durch die Luft driften? Jetzt ist die Flugzeit der Jungspinnen – und an jedem Spinnfaden hängt oder hing eine kleine Spinne. Weil Spinnen nicht fliegen können, wenden sie einen besonderen Trick an, um neue Lebensräume zu erobern: Die kleinen Spinnen klettern auf die Spitzen von Zweigen oder Halmen und produzieren einen Spinnfaden, der immer länger wird. Irgendwann ist er lang genug, um sie in die Luft zu heben und mit ihm davonzutragen. Wohin, ist ungewiss. Meist endet die Reise nach wenigen Hundert Metern. Aus Fängen von Flugzeugen weiß man aber, dass Kleinspinnen mehrere Tausend Meter hoch fliegen und über Meere und zu anderen Kontinenten verdriftet werden können. Vielleicht hast du die Fäden schon in deinem Gesicht gespürt – sie fühlen sich an wie fliegende Haare. Und weil sie an das graue Haar „alter Weiber" erinnern, heißt diese Zeit Altweibersommer.

Augen auf!

Herbst im Wald

Bunte Blätter, raschelndes Laub, farbige Früchte, duftende Pilze und röhrende Hirsche – im herbstlichen Wald ist so einiges los!

Warum werden die Blätter bunt?

Jeden Herbst verfärben sich die Blätter: Birken, Rotbuchen und Hainbuchen bekommen gelbe Blätter, Vogelbeeren, Wilder Wein und Ahorn leuchten in Rot. Warum ist das so? Bevor die Bäume ihre Blätter abwerfen, entziehen sie ihnen möglichst viele wertvolle Stoffe wie zum Beispiel Stärke und Blattgrün. In Stamm und Wurzel bewahren sie es für die nächste Blattgeneration auf, die im Frühjahr neu gebildet wird. Ist das Blattgrün verschwunden, kommen orangerote und gelbe Farbstoffe zum Vorschein, die den Sommer über vom Blattgrün überdeckt waren.

Schon gewusst?

Mäuse, Dachse, Rehe, Eichhörnchen und viele andere Tiere mögen Pilze. Doch die eifrigsten Pilzfresser sind Schnecken. Genüsslich knabbern sie selbst die für uns sehr giftigen Fliegenpilze.

Jetzt ist Pilzzeit!

Pilze sind ganz schön seltsame Lebewesen. Das ganze Jahr über leben

sie verborgen im Erdreich und an einem feuchten Herbsttag sprießen ihre Hüte plötzlich überall aus dem Boden. Wie ein Apfelbaum seine Äpfel, so bilden Pilze ihre Hüte, um sich zu vermehren. In ihnen entstehen winzig kleine Sporen. Wenn sie reif sind, fallen sie nach unten und eine leichte Windbrise trägt sie davon. Übrigens: Der größte Teil des Pilzes ist ein dichtes wurzelähnliches Geflecht im Erdboden. Man nennt es Myzel.

Warum verlieren Bäume ihre Blätter?

Würden Bäume ihre Blätter im Winter behalten, müssten viele verdursten. Warum? Im Sommer verdunstet ein alter Baum täglich bis zu 600 Liter Wasser über die Blätter. Schon im Herbst, wenn der Boden kühler wird, ist es für die Bäume schwierig, mit ihren Wurzeln genügend Wasser aufzusaugen. Und wenn das Erdreich erst einmal gefroren ist, geht gar nichts mehr.

Die kürzer werdenden Tage, und nicht die sinkenden Temperaturen, geben den Bäumen im Herbst das Signal, nun ihre Blätter zu verfärben und abzuwerfen. Deshalb tragen Laubbäume, die von Straßenlampen beleuchtet werden, ihre Blätter im Herbst viel länger. Achte einmal darauf!

Augen auf!

Tannenzapfen & Co.

Im Herbst kannst du auch beobachten, wie an den Nadelbäumen neue Zapfen auftauchen. Und das freut ganz besonders die Tiere. Unter den zahlreichen Schuppen reifen nun die Samen heran. Bei trockenem Wetter gehen die Schuppen auf und die Samen werden ins Freie entlassen. Ist es hingegen feucht, bleiben die Schuppen geschlossen. Du kannst also an den Zapfen erkennen, wie feucht die Luft ist. Sind alle Samen ausgestreut, verbleiben die Zapfen von Kiefern und Fichten noch mehrere Monate oder sogar Jahre am Baum, bevor sie schließlich als Ganzes herunterfallen. Von den Zapfen der Tannen lösen sich noch im selben Jahr die Schuppen ab, nur die lange Spindel in der Mitte bleibt am Baum stehen. Daran kannst du ganz leicht eine Tanne von einer Fichte unterscheiden.

Bei trockenem Wetter sind die Schuppen geöffnet.

Bei feuchtem Wetter schließen sich die Zapfen.

Die Stunde der Hirsche

Im September und Oktober erleben Hirsche die anstrengendste Zeit des Jahres. Denn jetzt ist Paarungszeit und jede Nacht ertönt das lautstarke Röhren der Männchen. Sie kämpfen heftig um die Weibchen. Nur der stärkste Hirsch kann sich mit den Weibchen des Rudels paaren und Nachkommen mit ihnen zeugen.
Frag deinen Förster, ob du dir nachts mit ihm dieses Schauspiel anschauen kannst.

Herbst auf der Wiese

Im September kannst du auf den Wiesen noch viele Blumen entdecken, die eifrig von Bienen, Schmetterlingen und anderen Insekten besucht werden.

Die Herbstzeitlose

Eine ganz besondere Pflanze ist die Herbstzeitlose. Sie sieht so ähnlich aus wie ein Krokus und du kannst ihre giftigen Blüten nun überall auf den Wiesen entdecken. Doch wo sind ihre Blätter? Nach ihnen und den dreifächerigen grünen Früchten musst du im Frühsommer Ausschau halten.

Diese Blumen blühen im Herbst

☐ **In Weiß:** Weißklee, Schafgarbe, Kamille, Wegerich, Hirtentäschel, Taubnessel, Vogelmiere, Bärenklau, Gänseblümchen
☐ **In Gelb:** Wegrauke, Schöllkraut, Beifuß, Löwenzahn, Rainfarn, Leinkraut
☐ **In Rot/Lila:** Rote Lichtnelke, Wiesenklee, Große Klette, Distel, Vogelknöterich, Herbstzeitlose
☐ **In Blau:** Wegwarte, Kornblume

Schon gewusst?

Die Herbstzeitlose ist die giftigste Pflanze auf unseren Wiesen. Ihre Blüte ist die längste unter den einheimischen Blüten: Sie misst zehn Zentimeter über dem Erdboden und ragt dazu noch bis zu 20 Zentimeter tief in den Boden hinein. Das ergibt eine Blütenlänge von rund 30 Zentimetern!

Ein Fest für Vögel

Für viele Vögel gibt es jetzt Nahrung im Überfluss. Sie finden in den Hecken und Obstwiesen viele verschiedene reife Früchte. Dort kannst du leicht Wacholderdrosseln, Mönchsgrasmücken, Kernbeißer, Gimpel und viele mehr beobachten.

Augen auf!

Tiere im Herbst

Manchmal ist es im September noch so warm, dass du im T-Shirt vor die Tür kannst. Dennoch spüren die Tiere an den kürzer werdenden Tagen den kommenden Winter. Sie fressen sich an dem reich gedeckten Früchte-und-Samen-Tisch einen Winterspeck an, sammeln Vorräte, suchen ein geschütztes Winterquartier oder bereiten sich auf eine große Reise vor.

Das passiert im September:

☐ Schwalben, Enten, Kormorane und andere Zugvögel sammeln sich in großen Schwärmen für den bevorstehenden Vogelzug.
☐ Störche, Grasmücken und Kuckucke ziehen in den warmen Süden.
☐ Große Starenschwärme fallen in Schilfgebiete und Schlehenhecken ein, Trupps von Tauben und Drosseln finden sich auf Feldern und Wiesen ein.
☐ Die Brutsaison aller Vögel ist zu Ende.

☐ Die Brunftzeit bei den Hirschen beginnt. Sie dauert bis Mitte Oktober.
☐ Jungspinnen schweben an langen Spinnfäden durch die Luft, es ist Altweibersommer.

Das passiert im Oktober:

☐ Besonders an sonnigen, klaren Tagen ziehen viele Vögel in den Süden.
☐ Aus dem Norden ziehen große Finken- und Lerchenschwärme, aber auch Drosseln und Piper zu uns.
☐ Igel, Kröten, Blindschleichen, Schlangen und Eidechsen suchen einen geschützten Unterschlupf auf.
☐ Fledermäuse suchen Unterschlupf für den Winter, manchmal in weit entfernten Winterquartieren.
☐ Eichhörnchen halten sich jetzt besonders oft am Erdboden auf, um Eicheln, Bucheckern und andere Samen zu sammeln.

Das passiert im November:

☐ Mit etwas Glück kannst du am Himmel faszinierende Schauspiele beobachten: Wildgänse und Kraniche ziehen wie große Pfeile in Richtung Süden. Spitze nachts einmal deine Ohren, vielleicht kannst du sogar hören, wie sie im Flug rufen.

☐ Aus Nordosten kommen zahlreiche Saatkrähen zu uns. Jeden Abend suchen sie mit lautem Geschrei ihren Schlafplatz auf.

☐ An den Gewässern sammeln sich Tausende von Wasservögeln, um hier den Winter zu verbringen.

☐ Rehe werfen ihr Geweih ab. Geh mit offenen Augen durch den Wald, dann findest du möglicherweise eines!

☐ Bei den Wildschweinen beginnt die Paarungszeit. Sie dauert bis Mitte Januar.

Der große Vogelzug in den Süden

Es ist so weit: Das größte Ereignis in der herbstlichen Vogelwelt steht an: Ein Teil der Vögel, die im Sommer bei uns gebrütet haben, zieht weg. Ihr Ziel sind warme Gebiete am Mittelmeer oder in

Afrika. Auf ihrer Wanderung legen die Zugvögel oft viele Tausend Kilometer zurück.

Bevor sie wegziehen, sammeln sich manche von ihnen zu großen Schwärmen. Auf Telefon- und Stromleitungen sitzen Hunderte von Schwalben. Störche, Kraniche und Wildgänse treffen sich an festen Treffpunkten. Andere Vogelarten wie Gartengrasmücken, Grauschnäpper oder Neuntöter verschwinden unbemerkt. Doch nicht nur Vögel verlassen uns im Herbst – auch viele Schmetterlinge wie Admiral und Distel fliegen nun zum Mittelmeer.

Auf dem Weg zum Futter

Wenn im Winter Schnee das Land bedeckt, frostige Temperaturen herrschen und Gewässer zugefroren sind, wird das Futter besonders für die Vogelarten knapp, die sich von Insekten ernähren. Deshalb verbringen sie den Winter in Gegenden mit reichlich Futter. Dafür gehen sie das hohe Risiko eines langen Fluges ein. Andere Vögel jedoch bleiben hier und ernähren sich im Winter von den verbliebenen Samen und Früchten.

Weil es in der Nähe von menschlichen Siedlungen auch in kalten Wintern mehr zu fressen gibt als in der freien Natur, bleiben immer mehr Amseln oder Rotkehlchen bei uns.

Vögel, die wegziehen

- ☐ Weißstorch ➡ Afrika, südlich der Sahara
- ☐ Mauersegler ➡ Zentral- und Ostafrika
- ☐ Schwalben ➡ West- und Zentralafrika
- ☐ Hausrotschwanz ➡ Südeuropa
- ☐ Rotkehlchen ➡ Südeuropa, Nordafrika
- ☐ Bachstelze ➡ Südeuropa
- ☐ Nachtigall ➡ Westafrika
- ☐ Kuckuck ➡ Zentral- und Südafrika

Vögel, die bei uns bleiben

- ☐ Amsel
- ☐ Haussperling (Spatz)
- ☐ Haubenmeise
- ☐ Baumläufer
- ☐ Kleiber
- ☐ Specht
- ☐ Eule
- ☐ Rebhuhn

Augen auf!

Säugetiere

Während es bei den Vögeln Arten gibt, die wegziehen oder dableiben, haben Säugetiere andere Strategien für den Winter entwickelt: Sie sammeln Vorräte oder verschlafen die kalte Jahreszeit einfach mit dickem Bauch (Seite 58).

Der Steinmarder hält jetzt Ausschau nach Vorräten für den Winter.

Winterfell – Sommerfell

Nicht nur du ziehst im Winter eine wärmere Jacke an, auch die Säugetiere legen sich für die kalte Jahreszeit ein dichteres Fell zu. Am meisten fällt es beim Hermelin auf: Im Sommer ist sein Fell braun, im Winter weiß. Nur die Schwanzspitze ist das ganze Jahr über schwarz. Rehe tragen im Winter ein dickes graubraunes Winterfell statt des rotbraunen Sommerfells.

Die Ohren der Eichhörnchen zieren im Winter lange Haare, die wie Pinsel nach oben stehen.

Sammeln und fressen

Bevor das Futter im Winter knapp wird, sammeln viele Säugetiere Vorräte. Maulwürfe fangen jetzt besonders viele Regenwürmer, lähmen sie mit einem Biss und lagern sie in ihren Gängen. Steinmarder und Iltis füllen ihr Versteck mit erbeuteten Tieren. Feldhamster und Mäuse bringen Nüsse, Samen, Pilze und anderes Fressbares in ihren Bau. Eichhörnchen vergraben ihr Sammelgut lieber am Fuß großer Bäume.

Winterschläfer fressen sich jetzt eine dicke Fettschicht an: Ein Dachs wiegt im Herbst mit 25 Kilogramm über doppelt so viel wie im Sommer!

Heimische Winterschläfer

- ☐ Igel
- ☐ Siebenschläfer
- ☐ Haselmaus
- ☐ Dachs
- ☐ Fledermaus

Der Dachs frisst sich jetzt eine dicke Fettschicht an.

Insekten, Spinnen & Co.

Bei den Hummeln, Bienen (außer Honigbienen!) und Wespen lösen sich die Staaten auf. Nur die begatteten Weibchen überwintern in geschützten Verstecken und gründen als Königinnen im nächsten Frühjahr einen neuen Staat. Die alte Königin, die

Arbeiterinnen und die männlichen Drohnen sterben im Herbst. Vor dem kalten Winter verschwinden viele Insekten, Spinnen und Schnecken im Gestrüpp oder dichten Laub, in Rindenritzen und an anderen geschützten Plätzen.

Augen auf!

Mein Herbst

Der Herbst ist ein Fest für alle deine Sinne: bunte Blätter, lecker duftende Früchte, prasselnder Regen und tiefe Pfützen. Also, nichts wie raus zum Sehen, Riechen, Schmecken, Hören und Fühlen!

Naturforscher im Herbst

Marschiere durch das raschelnde Laub: Hast du dich schon einmal wie ein Wildschwein in einem großen Laubhaufen gesuhlt? Nein? – Dann aber los! Außerdem ist jetzt Sammelzeit: Mit Bucheckern, Kastanien, Eicheln und Hagebutten kannst du allerlei basteln – oder sie einfach nur sammeln!

Geh an einem windigen Tag hinaus. Spiel mit dem Wind: Bau dir einen eigenen Drachen, rund oder eckig, bemalt oder beklebt, und lass ihn steigen.

Ein Tag im Herbst

Wenn der Wind das Laub von den Bäumen schüttelt, zieh dich wetterfest an und mach einen Ausflug mit deinen Freunden oder deiner Familie. Wie fühlt sich der Wind an, wenn er dir ins Gesicht bläst? Wie riecht es jetzt im Wald? Nach Laub und Kartoffelfeuer, nach Beeren und nach Pilzen? Wie duften die Beeren? Welche Tiere kannst du entdecken?

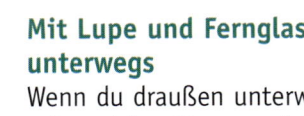

Die richtige Ausrüstung für Herbstforscher

Je besser du dich vorbereitest, umso erlebnisreicher wird dein herbstlicher Streifzug durch die Natur.

Die richtige Kleidung

Gutes Schuhwerk, manchmal sogar Gummistiefel, sind für einen Naturforscher unerlässlich. Es wäre doch schade, wenn hinter einem matschigen Stück Waldweg eine Hecke voller Brombeeren auf dich wartet – und du kannst nicht hin! Damit dir auch ein plötzlicher Regenguss oder aufkommender Wind die Freude nicht verderben, trägst du am besten einen warmen Pullover und darüber eine wasserdichte Jacke – oder du packst für alle Fälle ein Regencape in deinen Rucksack. Eine robuste Hose verhindert, dass du dir die Beine an Ästen oder Zweigen zerkratzt. Informiere dich auf jeden Fall im Radio, Internet oder in der Zeitung über das vorhergesagte Wetter.

Mit Lupe und Fernglas unterwegs

Wenn du draußen unterwegs bist, spitze deine Ohren und höre, nutze deine Nase zum Riechen und gehe vor allem mit offenen Augen durch die Natur.

Mit einem Fernglas kannst du weit entfernte Tiere ganz nah sehen,

zum Beispiel Vögel in den Baumkronen oder auch Rehe auf einer
Lichtung.

Die Lupe vergrößert alles, was du
darunter legst. Ganz praktisch ist
eine Becherlupe, die es in den
meisten Spielwaren- und
in manchen Schreibwa-
renläden zu kaufen
gibt. Gib das Tier
oder die Pflanze, die
du beobachten willst,
vorsichtig hinein. Schau
dir die Tiere aber bitte nur kurz
an und lass sie wieder da frei, wo
du sie eingesammelt hast.

Checkliste für Herbstforscher

- ☐ feste Schuhe oder Gummistiefel
- ☐ wetterfeste Kleidung
- ☐ Bleistift, vielleicht auch
  Buntstifte
- ☐ Notizblock oder Naturforscher-
  buch
- ☐ Lupe oder Becherlupe
- ☐ Fernglas
- ☐ Literatur, um Tiere und
  Pflanzen zu bestimmen

Bei Bedarf:

- ☐ gute Wanderkarte
- ☐ Fotoapparat

Dein Naturforscherbuch

Schreibe das, was du draußen beobachtest und erlebst, in dein
persönliches Herbstbuch. Besorge dir dazu ein Notizbuch mit Linien
oder Karos aus dem Schreibwarenladen und notiere zum Beispiel
Folgendes darin:

- ☐ wann sich die Schwalben zum Zug in den Süden sammeln,
- ☐ wann und wo du einen Igel beobachtet hast,
- ☐ welche Früchte in der nächstgelegenen Hecke wachsen,
- ☐ welche Tiere und Pflanzen du auf einem Spaziergang im
  Wald gesehen hast,
- ☐ wann der erste Schnee gefallen ist.

In dein Naturforscherbuch kannst du auch gesammelte
Federn, Blätter und Samen einkleben oder Tiere und Pflanzen
hineinzeichnen, die du gesehen hast.

Unterwegs

Herbstforscher auf Entdeckungsreise

September, Oktober und November sind die Herbstmonate. Die Abläufe in der Natur jedoch folgen diesem Kalender nicht starr. Nach einem heißen Sommer beginnt der Herbst später als im Vorjahr, im nördlichen Hamburg früher als im warmen Freiburg.

Wann beginnt bei dir der Herbst?

Du kannst leicht selbst feststellen, wann der Herbst in deiner Gegend beginnt. Trage hier das Datum des Blühbeginns oder der Reifung von Früchten ein. Du kannst diese Dinge natürlich auch in dein Naturforscherbuch (Seite 25) schreiben.

Der **Vollherbst** beginnt, wenn

◆ die ersten Früchte von Rotbuche (Bucheckern), Stieleiche (Eicheln) und Winterlinde reif werden.
◆ sich die Laubbäume verfärben.

Der **Spätherbst** beginnt, wenn

◆ die Blätter der Laubbäume fallen.

Der **Frühherbst** beginnt, wenn

◆ die Herbstzeitlosen blühen.
◆ die ersten Früchte von Rosskastanie, Holunder reif werden.

Der Sonnenlauf

Jeder Tag im Herbst wird etwas kürzer, weil die Sonne früher untergeht. Das kannst du leicht beobachten: Merke dir anhand eines markanten Hauses oder Baums,

O

Wann geht die Sonne auf und unter?

Tag	Aufgang	Untergang
1. September	ca. 5.30 Uhr	ca. 19.00 Uhr
15. September	ca. 6.00 Uhr	ca. 18.30 Uhr
1. Oktober	ca. 6.20 Uhr	ca. 18.00 Uhr
15. Oktober	ca. 6.40 Uhr	ca. 17.30 Uhr
1. November	ca. 7.10 Uhr	ca. 17.00 Uhr
15. November	ca. 7.30 Uhr	ca. 16.40 Uhr
30. November	ca. 8.00 Uhr	ca. 16.20 Uhr

Die angegebene Uhrzeit ist die mitteleuropäische Zeit (MEZ). Während der Sommerzeit musst du eine Stunde zu der angegebenen Uhrzeit dazuzählen.

wo sie im September untergeht. Beobachte von derselben Stelle aus ein paar Tage oder Wochen später den Sonnenuntergang, natürlich zeitlich früher. Auch die Bahn, die die Sonne auf ihrem Tageslauf am Himmel beschreibt, wird flacher. Das kannst du am besten zur Mittagszeit beobachten, wenn die Sonne ihren höchsten Stand erreicht. Jeden Tag steht die Sonne zur Mittagszeit etwas tiefer.

S W

In der Hecke ist was los!

Im Herbst lohnt sich der Besuch einer Hecke (gemeint ist das Gestrüpp entlang von Feldern und Wegen) ganz besonders, weil jetzt viele Früchte reif werden. Und damit ist so eine Hecke ein großer Anziehungspunkt für viele Tiere. Versuche, anhand der typischen Früchte herauszufinden, welche Sträucher in der Hecke stehen.

Achtung!

Auch wenn Vögel, Mäuse und Eichhörnchen diese Früchte fressen, heißt das noch lange nicht, dass sie auch für den Menschen genießbar sind. Ein Stern * zeigt dir, welche der Früchte auch für Menschen essbar sind.

◀ **Eibe**
GIFTIG
→ Vögel, Eichhörnchen

◀ **Pfaffenhütchen**
GIFTIG
→ Vögel (Rotkehlchen)

◀ **Liguster**
GIFTIG
→ Vögel (Mönchsgrasmücke, Dompfaff, Grünfink)

◀ **Berberitze** *
→ Haselmaus, Vögel (Gimpel, Kernbeißer, Amsel)

◀ **Holunder** *
NUR GEKOCHT GENIESSBAR
→ Vögel (Mönchsgrasmücke)

◀ **Schlehe** *
→ Feldhase, Vögel

◀ **Sanddorn** *
→ Vögel (besonders Fasan)

◀ **Hundsrose** *
FRUCHTFLEISCH GENIESSBAR
→ Igel, Feldhase, Vögel (Grünfink, Kernbeißer, Dompfaff)

Schon gewusst?

Biologen haben nachgewiesen, dass in unseren heimischen Hecken über 10.000 verschiedene Tierarten leben.

◀ *Weißdorn* *
→ *Feldhase, Mäuse,*
Vögel

◀ *Vogelbeere* *
NUR GEKOCHT
GENIESSBAR
→ *Feldhase, Vögel*

Wie schreitet die Laubfärbung
fort, welche Arten fangen an,
welche verfärben sich zuletzt?
Beobachte am besten vormittags,
welche Tiere kommen und welche
Früchte sie fressen. Wie viele verschiedene Tiere (Schnecken, Insekten, Spinnen, Vögel) kannst
du an einem sonnigen Herbsttag

mit bloßem Auge erkennen?
Schreibe all das in dein Naturforscherbuch.

Auf der Suche nach dem Wespennest

Wenn sich im Herbst die Wespen-
staaten auflösen (Seite 21),
kannst du dich auf die Suche
nach einem leeren Wespennest
machen.
Findest du jetzt eines, kannst
du es getrost mit nach Hause
nehmen. Schau dir die Waben
genau an, die aus Papier (zerkau-
tes Holz!) bestehen. Halte auch
Ausschau nach leeren Spinnenko-
kons, die du an Ästen und Zweigen finden kannst.

Spurensuche
Eichhörnchen sind eigentlich Waldtiere. Sie leben aber
auch in vielen Stadtparks und baumreichen Siedlungen.
Schau genau nach, ob du Spuren von einem Eichhörnchen findest: angefressene Zapfen, angenagte Eicheln oder Nüsse,
angeknabberte Pilze in einer Astgabel, Fußspuren oder
gar sein Wohnbau aus Ästen hoch oben in einer Baumkrone. Die typische Eichhörnchenspur zeigt vorne die
kräftigen Hinterpfoten, mit denen es bei seinen Sprüngen nachsetzt, und dahinter die kleinen Vorderpfoten.
Welche Spuren findest du noch?

Unterwegs

Früchte und Samen sammeln

Jede Pflanzenart hat ihre eigene Strategie, Samen zu verbreiten.

Die Samen von Linde, Ulme, Ahorn und Löwenzahn verbreitet der Wind, denn sie sind leicht und haben Fluganhängsel.

Die Samen von Klette oder Wegerich sind klebrig oder haben Widerhaken. Sie bleiben im Fell oder in den Federn von vorbeistreifenden Tieren hängen. Die Früchte von Storchschnabel und Springkraut explodieren förmlich und schießen die reifen Samen weit weg. Und die saftigen Vogelbeeren, Brombeeren, Holunderbeeren,

Windbilder

Keine Frage: Wenn der Wind bläst, ist Drachenzeit. Deiner ist aber ein ganz besonderer: Male ein buntes Bild mit wässriger Farbe auf weißes Japanpapier im DIN-A3-Format oder klebe buntes auf weißes Pergaminpapier. Wenn es getrocknet ist, spannst du es mit flachen Stäben auf und leimst es fest. Befestige die Waage (die Schnuraufhängung des Drachens) von der Vorderseite aus am Stab und bringe die Drachenschnur mit einer Schlaufe in der Mitte der Waage an.

Schlehen und Früchte von Pfaffenhütchen werden von Tieren gefressen. Die unverdauten Samen landen dann mit dem Kot hoffentlich auf einem Stück Erdboden, wo sie zu neuen Pflanzen keimen können. Sammel die verschiedenen Samen von Pflanzen und schau sie dir genau an. Lass an einem windigen Tag die flugfähigen Samen in Augenhöhe in Windrichtung wegfliegen. Wie fliegen die verschiedenen Samen? Welcher fliegt am weitesten?

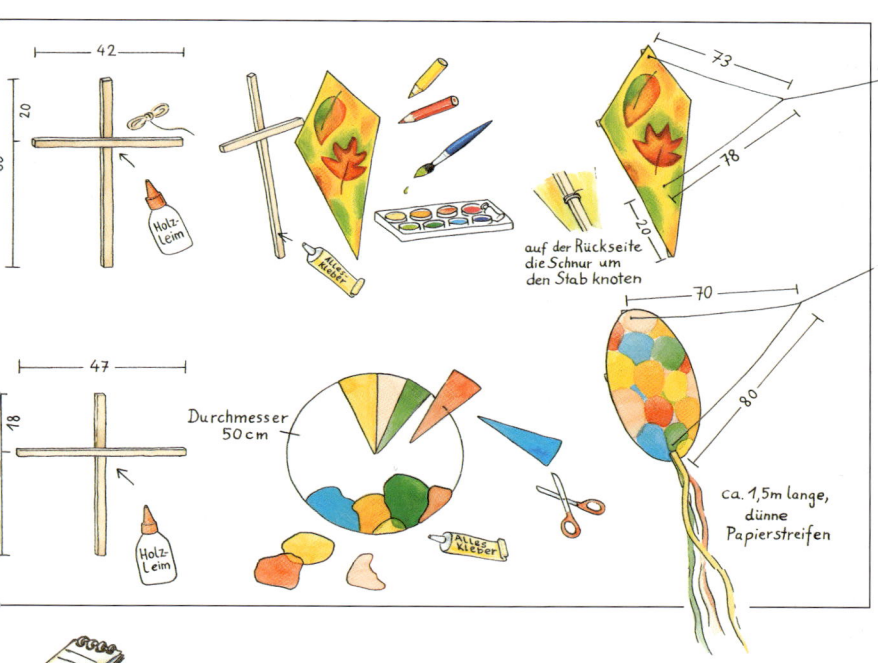

42

20

Holz-Leim

Alles-Kleber

73

78

20

auf der Rückseite
die Schnur um
den Stab knoten

70

80

47

18

Durchmesser
50 cm

Holz-Leim

Alles-Kleber

ca. 1,5m lange,
dünne
Papierstreifen

So wirst du zum Wetterfrosch

Du brauchst:
- ☐ einen einfachen Regenmesser aus dem Gartenfachhandel
- ☐ ein Minimum-Maximum-Thermometer

Temperatur: Das Thermometer hängst du im Freien dort auf, wo die Sonne nie hinkommt. Jeden Tag notierst du das Temperaturminimum und -maximum. So kannst du den Verlauf der Tagestemperaturen über den Herbst beobachten. Wann sank die Temperatur zum ersten Mal unter null Grad?

Regen: Wie viel Regen ist gefallen? Die Niederschlagshöhe misst dein Regenmesser, den du mindestens so weit entfernt von jedem Haus aufstellst, wie es hoch ist. Entleere das Gefäß nach dem Messen.

Unterwegs

Ein besonderes Blatt

Hast du schon einmal ein Blattskelett gefunden, das von den
Kleinstlebewesen im Falllaub bis
auf die Adern abgenagt wurde?
Nein? Dann durchsuche das alte
Laub unter den Bäumen oder
stelle dir einfach selbst ein
Blattskelett her. Dazu musst du
eine halbe Stunde lang Blätter in
einem alten, mit Wasser gefüllten
Topf köcheln lassen. Stelle den
Topf nach dem Abkühlen ins
Freie, denn wenn die Blätter sich
zersetzen, kann das ziemlich
unangenehm riechen. Nach einer
Woche kannst du die Blätter
herausnehmen. Entferne die
letzten Reste vom Blattgewebe
mit einem feinen Pinsel unter
fließendem Wasser. Klebe deine
Blattskelette für ein Wandbild
auf buntes Papier oder gestalte
damit dein persönliches Brief-
oder Geschenkpapier. Vielleicht
fällt dir ja noch mehr ein?

Sammel-Collage

Früchte, Eicheln,
Bucheckern,
Kastanien,
Samen, Blätter,
Moos, Rinde, Blüten, Pilze,
Wurzeln, Äste und Zweige,
Schneckengehäuse, Steine,
Federn und noch vieles mehr –
all dies kannst du sammeln.
Mit Knetmasse entsteht
daraus eine kleine Mini-
oder Figurenlandschaft,
ein Zoo aus bunten
Herbsttieren oder ein
Bauernhof, ganz nach
deiner Fantasie. Klebst du
deine gesammelten
Schätze auf
einen bunten
Karton, hast
du eine ein-
zigartige
Collage.

Bunter Herbstschmuck

Bastle dir bunte Halsketten oder Armbänder. Sammle
Hagebutten und fädle sie abwechselnd mit eingeweichten
Maiskörnern mit einer Nadel und einem stabilen Faden auf.
Du kannst auch andere Früchte und Samen verwenden.
Wenn die Früchte zu hart sind, lass dir beim Durchbohren helfen.

Studentenfutter

Im Herbst reifen bei uns die Hasel- und Walnüsse. Sammle sie selbst und mische sie mit gekauften Mandeln, Pistazien, Erdnüssen, Kürbiskernen und Rosinen. Und schon hast du dein persönliches, superleckeres Studenten- oder vielmehr Herbstforscherfutter!

Holunderbeerkonfitüre

Die schwarzen Holunderbeeren sind roh nicht genießbar. Du kannst aber eine feine Konfitüre daraus kochen. Mit heißem Wasser aufgegossen ergibt sie ein köstliches Getränk, das dich aufwärmt.

Du brauchst:
- ☐ 1 Kilogramm reife Holunderbeeren
- ☐ 500 Gramm Gelierzucker
- ☐ Saft von einer Zitrone
- ☐ 4 normale oder 8 kleine ausgekochte Marmeladegläser

Wasche die Beeren und pflücke sie von den Dolden. Dann kochst du sie 30 Minuten lang bei geringer Hitze und gibst anschließend den Gelierzucker und den Zitronensaft dazu. Noch einmal für zwei Minuten aufkochen und heiß in saubere Gläser abfüllen.

Unterwegs

Igel-Hilfe

Einen Igel kannst du nicht über-
hören. Laut schnaufend läuft er
abends durch den Garten, schmat-
zend verschlingt er Schnecken,
Würmer, Insekten und anderes
Getier. Bevor er sich Ende Oktober
zum Winterschlaf zurückzieht, frisst
er sich ausreichend Fettreserven an.
Findest du im Spätherbst einen abgemagerten Igel mit weniger als
500 Gramm, hol dir Rat beim örtlichen Naturschutzverband. Die
Experten dort können dir sagen,
worauf du achten musst. Auf den
ersten Blick erkennst du das viel

zu geringe Gewicht daran, dass das
Stachelkleid lose um den Körper
hängt. Die
Seiten schei-
nen eingefal-
len zu sein
und hinter
dem Kopf
befindet sich
eine tiefe
Falte im
Stachelkleid.
Das Tier ist
zudem deutlich kühler als eine
menschliche Hand und am Tag
unterwegs, was gesunde Igel
normalerweise nicht tun.

Dein Igel-Restaurant

Einem abgemagerten hungrigen
Igel kannst du draußen Futter
anbieten: Mische Katzendosenfut-
ter mit ein wenig Igeltrockenfut-
ter oder brate etwas Rinderhack
mit Öl an. Mische Haferflocken,
Weizenkleie oder ein Ei darunter.
Achtung: Gib dem Igel niemals
Milch! Um Katzen fernzuhalten,
stelle das Futter unter eine umge-
drehte Obstkiste, von der du die
unterste Latte entfernt hast.

Im sicheren Versteck

Unter Reisig- und Steinhaufen, im
dichten Laub unter Bäumen und
Sträuchern, in Hohlräumen unter
Wurzeln oder von Baumstümpfen
verstecken sich Igel, Blindschleichen, Kröten, Molche und andere
Tiere über den Winter. Leere Nistkästen bieten Siebenschläfern und
Mäusen ein Quartier. In die Stängel
von großen Disteln, Engelwurz und
Bärenklau, in dichtes Gestrüpp und
verlassene Vogelnester ziehen sich
nun viele Insekten und Spinnen zurück, um in deren Schutz den Winter zu überdauern. Schmetterlinge,

Schwebfliegen, Fliegen, Wanzen, Marien- und andere Käfer ruhen während der kalten Jahreszeit als Ei, Raupe, Puppe oder ausgewachsenes Tier. Erst wenn es im nächsten Frühjahr wieder warm wird, kommen sie aus ihren Verstecken hervor.

Lass deshalb im Garten die abgestorbenen Pflanzenteile den ganzen Winter über stehen. Über die verbliebenen Fruchtstände freuen sich auch die samenfressenden Singvögel Erlenzeisig, Grünfink, Goldammer, Stieglitz und Bluthänfling.

Unterschlupf

In einer ruhigen Ecke kannst du jetzt einen Unterschlupf für Igel und andere Tiere bauen, die den Winter über geschützt ruhen. Baue aus großen Steinen eine etwa 20 mal 30 Zentimeter große, handhohe Umrandung mit Eingang, bedecke sie mit einer Gartenplatte und Dachpappe und gib ein paar Hände voll Laub in das „Haus". Fertig!

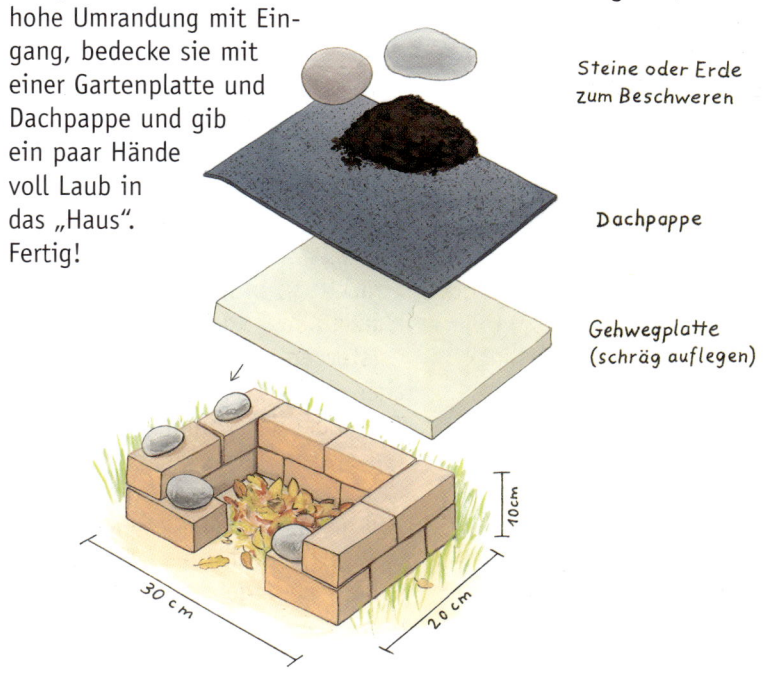

Steine oder Erde
zum Beschweren

Dachpappe

Gehwegplatte
(schräg auflegen)

10 cm

30 cm

20 cm

Unterwegs

Zeit zum Federnsammeln

Ist dir das auch schon aufgefallen: Während im Frühjahr, Sommer und an späten Wintertagen unzählige Vögel singen, ist der Spätsommer und Herbst erstaunlich ruhig. Das hat seinen Grund: Die meisten Vögel ziehen sich zurück, um noch vor dem Winter ihr Gefieder zu wechseln. In der Fachsprache heißt das Mauser. Im Lauf des Jahres haben sich die Federn abgenutzt, besonders betroffen sind die Schwanz- und Flügelfedern. Sie werden nun durch neue ersetzt. Die alten fallen einfach aus. Deshalb kannst du jetzt viele Vogelfedern finden und sie auch sammeln. Besonders hübsch sind die blau gestreiften Federn des Eichelhähers. Versuche herauszufinden, von welchem Vogel die Federn stammen.

Achtung: Nimm keine Federn, die in der Nähe von Vogelkot liegen oder gar kotbeschmiert sind!

Aus Federn entstehen übrigens schöne Kunstwerke mit Ton oder Knetmasse, auf Papier oder Pappe geklebt, als Schmuck oder an Kleider- und T-Shirt-Säume genäht.

Ausgeflogen – leere Nester

Wenn die Bäume und Sträucher ihre Blätter verloren haben, werden die Nester der Vögel sichtbar.

Fang das Spinnennetz!

Du brauchst:
- ☐ Mehl oder Puder
- ☐ schwarzen Karton
- ☐ Klebstoff

Suche ein Netz ohne Spinne und puste vorsichtig etwas Mehl oder Puder aus deiner Hand dagegen. So siehst du es besser. Dann bestreichst du den Karton dünn mit Klebstoff und drückst die klebrige Seite vorsichtig gegen das Spinnennetz. Dieses reißt ab und klebt nun auf deinem Karton. Aus Pfeifenputzern kannst du noch eine kleine Spinne mit acht Beinen basteln und sie in das Netz setzen.

Achte einmal darauf, wie viele Vögel im Geäst gebrütet haben. Da sich Singvögel in jedem Jahr ein neues Nest bauen, kannst du das leere mit Handschuhen (wegen möglicher Nestparasiten) aus der Hecke nehmen. Fällt dir auf, wie viele Insekten und Spinnen das Nest als Unterschlupf gewählt haben?

Buchfink *Stieglitz* *Rotkehlchen*

Nistkästen

Mit Nistkästen kannst du Vogelarten wie Meisen und Staren eine Unterkunft anbieten. Entweder du kaufst einen Nistkasten oder du bastelst dir selbst einen. Am besten, du hängst den Nistkasten gleich auf, weil Meisen schon jetzt nach Nistplätzen suchen. Außerdem verbringen viele Kleinvögel kalte Nächte im Schutz eines Kastens. Bringe den Nistkasten an einem wind- und regengeschützten Platz an.

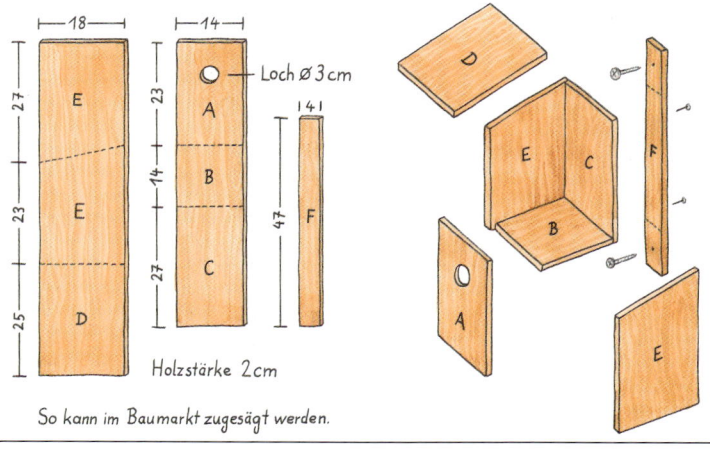

So kann im Baumarkt zugesägt werden.

Feiern im Herbst

Mach an einem sonnigen Herbsttag mit deinen Eltern und Freunden einen unvergesslichen Abenteuerausflug in die Natur. Höhepunkt eurer Tour ist ein kleines Herbstfest mit Lagerfeuer. Und zu Halloween lädst du deine Freunde zu einer Gruselparty ein.

Festideen

Natürlich gibt es noch viel mehr Ideen für Feste im Herbst: Wenn es zum Beispiel mal wieder tagelang regnet, bleibe nicht drin, sondern lade deine Freunde zu einem Regenfest ein. In regenfester Kleidung und Gummistiefeln könnt ihr vielleicht Pfützenspringen spielen: Wer kommt mit den wenigsten Sprüngen am weitesten? Aufgepasst: Ein Fuß muss dabei immer ganz nah an einer Pfütze sein. Oder überlegt euch gemeinsam einen Regentanz, fangt mit der Zunge Regentropfen – sicher fällt euch noch mehr ein. Wieder zu Hause zieht ihr euch schnell trockene Sachen an und feiert weiter mit heißem Kakao oder Tee.

Bei einem Geheimfest geht es, wie der Name schon sagt, sehr geheimnisvoll zu. Schon die Einladung schreibst du mit Geheimtinte aus dem Saft einer Zitrone, mit ein paar Tropfen Zwiebelsaft gemischt. Erst über der warmen Heizung wird die Schrift auf Papier lesbar. Überlege dir einen rätselhaften Detektivfall, den ihr bei diesem Fest auflösen wollt. Eurer Fantasie sind dabei keine Grenzen gesetzt.

Herbstausflug

Ausgiebig durch den bunten Wald streifen, Spuren lesen, auf Schnitzeljagd gehen und Musikinstrumente aus Holz bauen – all das bietet dieser Ausflug. Zur Stärkung gibt's Würstchen und Stockbrot am Lagerfeuer.

Auf Abenteuer-Tour

Mit Karte, Kompass und Fernglas ausgerüstet geht die Wanderung los. Schon vorher habt ihr euch ein Ziel, am besten mit einer Feuerstelle, ausgesucht. Jeder hat kleine Tüten oder Schachteln dabei für die Schätze, die ihr unterwegs findet. In ein Stirnband aus Wellpappe, das hinten zusammengeheftet ist, kannst du gefundene Gräser, Federn und Blätter stecken.

Spiele auf Wald und Wiese

Nach dem Essen ist es Zeit für Spiele: Schnitzeljagd, Bockspringen, Räuber und Gendarm, Plumpsack, Faules Ei, Fangen – sicher kennst du noch andere Spiele, die zu mehreren Spaß machen.

Stockbrot

Bereite zu Hause einen Brotteig aus:
- ☐ 1 Würfel Hefe
- ☐ 1 Kilogramm Mehl
- ☐ 1 Tasse Wasser
- ☐ etwas Salz und Olivenöl

Lass den Teig abgedeckt zwei Stunden lang gehen. Für das Stockbrot nimmst du ein Stück Teig, drehst daraus eine Wurst und wickelst diese wie eine Spirale um einen Stecken. Drehe ihn so lange über der Glut des Feuers, bis der Teig hellbraun ist.
Auch die Würstchen brutzeln an einem Stecken oder auf einem Rost über der Glut. Lecker sind fest in Alufolie eingewickelte Kartoffeln, Möhren oder Zwiebeln, die du direkt in die Glut legst.

Musikinstrumente bauen

Im Wald kannst du eine Menge Dinge finden, aus denen sich verschiedene Instrumente bauen lassen. Entweder bringst du von zu Hause Schleifpapier oder eine Feile, Luftballons, Schnüre, Bierdeckel und Klebstoff mit oder du nimmst die gefundenen Instrumente-Teile mit nach Hause und bastelst die Instrumente nach dem Ausflug.

Für eine **Trommel** musst du ein hohles Rundholz finden. Die scharfen Kanten schleifst du mit Schleifpapier oder einer Feile ab. Über die offene Seite spannst du vorsichtig, aber fest einen Luftballon oder ein Fensterleder und befestigst das Ganze mit einer Schnur. Es ist nicht ganz einfach, solch ein Rundholz zu finden. Stattdessen kannst du auch eine leere Waschtrommel nehmen.

Für eine **Rassel** suchst du ein hohles Stück Holz. Glätte die scharfen Kanten, fülle Eicheln, Nüsse oder Bucheckern hinein und klebe die Öffnungen mit Bierdeckeln zu. Du kannst auch eine leere Chipsrolle verwenden.

Binde verschieden lange trockene Hölzer mit Schnüren frei hängend an einen Ast, und schon hast du ein **Xylofon.** Nimm ein festes Stück Holz als Schlägel.

Luftballon oder nasses Fensterleder

← Gummi oder Schnur

fest verschließen

Bucheckern
Eicheln
Reis
kleine Steine
Mais

Schlägel

 # Halloween-Party

Die Nacht vor Allerheiligen (31. Oktober) gehört den Hexen, Geistern und Gruselmonstern. In Gärten und Fenstern leuchten grausige Kürbisfratzen, bettelnde Gespenster stehen vor der Haustür und überall werden schaurige Vampirpartys gefeiert – es ist Halloween!

Vertreibung der Geister

Halloween, damals noch „Samhain" genannt, ist ursprünglich ein keltisch-angelsächsisches Fest zur Feier des Winteranfangs. In der beginnenden düsteren Jahreszeit erschien den Menschen die Grenze zwischen dem Reich der Toten und dem Reich der Lebenden sehr dünn. Mit Opfern, Feuern und Maskeraden wollten sie Geister, Dämonen und Hexen vertreiben. Den Namen Halloween erhielt das Fest allerdings erst viel später. Die protestantische Kirche nannte die Nacht vor Allerheiligen „all hollows eve".

Nur für Hexen und Gespenster!

Absolutes Muss für deine Halloween-Party ist: Deine Freunde müssen verkleidet kommen – als Gespenst, Hexe, Zauberer, Vampir oder Drache. Verdunkle den Raum, in dem gefeiert wird: das Gruselzimmer! Hänge Luftschlangen, Spinnen aus Pfeifenputzern, Fledermäuse aus grauem Papier und andere schaurige Figuren auf. Verwandle einen Besen in ein Gespenst, indem du ihn umdrehst und ein Betttuch darüber hängst.

Grusel-Lichter

Trenne von Kürbissen oder Futterrüben mit einem scharfen Messer den oberen Teil ab und höhle Kürbis oder Rübe mit einem Esslöffel aus. Ritze Augen, Nase und Mund mit dem Messer ein und stelle dann Teelichte in die Kürbisse oder Rüben. Du kannst deine Grusel-Lichter im Haus oder draußen aufstellen und anzünden.

Essen nach Vampirart

In (blut)rote Grütze kannst du klein geschnittene Äpfel, Birnen, Orangen und Bananen tunken. Mische aus Apfel- und rotem Trauben- oder Johannisbeersaft einen blutigen Früchtetrunk. Gebratene Hühnerschenkel oder an Skelettfinger erinnernde Pommes mit Ketchup schmecken wohl den meisten Gästen.

Gruselige Spielideen

☐ Jeder zieht einen Zettel. Auf dem des Detektivs steht ein schwarzes D, auf dem des Mörders ein rotes M. Die anderen Zettel sind einfach weiß. Im Dunkeln geistern alle herum, bis der Mörder zuschlägt. Das Opfer lässt sich schreiend fallen, der Detektiv macht das Licht an. Durch Fragen versucht er, den Mörder zu finden. Alle, außer dem Mörder, müssen die Wahrheit sagen.

☐ Ein oder zwei Kinder verlassen den Raum. Die anderen streifen sich Betttücher über den Körper und geistern durchs Zimmer. Wer verbirgt sich unter jedem Tuch? Das müssen die beiden herausfinden, ohne die Tücher zu lüften.

☐ Vielleicht möchtest du dir auch mit deinen Freunden ein kleines Hörspiel mit einem gruseligen Thema ausdenken und auf Kassette aufnehmen. Es wird dich immer an das Fest erinnern.

Feiern und Erleben

Entdecke den Winter!

Im Winter hoffst du auf viel Schnee und bist bestimmt voller Vorfreude auf die Feste und Feiern, die nun bevorstehen. In der Natur hingegen ist der Winter die Zeit der Ruhe. Aber dennoch gibt es dort einiges zu entdecken!

Winterzeit – Ruhezeit?

Der Winter in der Natur beginnt, wenn alle Bäume ihre Blätter verloren haben. Und er endet schon wieder im Februar mit den ersten blühenden Schneeglöckchen. Während der kalten Jahreszeit schöpfen die Tiere und Pflanzen Kraft für das kommende Frühjahr. Du hast im Winter jedoch kaum Zeit, um dich auszuruhen. Obwohl es schon sehr früh dunkel wird und obwohl es oft sehr kalt und feucht ist, locken draußen zugefrorene Seen zum Schlittschuhlaufen, verschneite Hänge zum Schlittenfahren oder Tierfährten zum Aufspüren.

An den letzten noch offenen Wasserstellen siehst und hörst du laut schnatternde Enten und am Futterhaus kannst du jetzt die sonst eher scheuen Singvögel gut beobachten.

Winterzeit

Mitten in der dunklen Winterzeit triffst du immer wieder auf helle Lichterfeste: Weihnachten mit seinem Kerzenglanz und Neujahr mit seinen bunten und leuchtenden Böllern und Raketen. Im Fasching treiben die Menschen dann mit farbigen Gewändern und fröhlichen Festen den Winter aus.

Wintersonnenwende

Der Winter beginnt am 21. Dezember mit der längsten Nacht des Jahres. Nur acht Stunden liegen zwischen Sonnenaufgang und Sonnenuntergang. Von jetzt an nimmt das Licht wieder zu und die Tage werden länger. In früheren Zeiten hat man diesen Tag ganz besonders gefeiert und noch heute erinnern uns die Kerzen am Christbaum an den Brauch der Wintersonnwendfeuer.

Der Winter endet mit der Tagundnachtgleiche (S. 6) um den 21. März herum.

Winter bei den Wetterforschern

Für die Meteorologen beginnt der Winter schon am 1. Dezember und endet am 28. Februar, im Schaltjahr am 29. Februar. Obwohl jetzt ganz offiziell Winter ist, ist das in vielen Gegenden keine Garantie für Schnee. Und auch die Temperaturen sind mit 15 Grad manchmal so mild wie im Frühjahr.

Jahreswechsel

Das neue Jahr beginnt bei uns mitten im Winter. Dieser Jahresbeginn geht auf den römischen Kalender zurück. In anderen Kulturen wird der Jahresanfang an anderen Tagen gefeiert. Die zwölf Tage zwischen Weihnachten und Dreikönig heißen „zwischen den Jahren". Früher glaubte man, dass während dieser Zeit die Tore zur Geisterwelt offen stehen und dass die Geister dann ihr Unwesen treiben. Um sie fernzuhalten, machte man an Neujahr viel Krach. Noch heute wird in dieser Nacht mit Raketen und Böllern geschossen.

Kurzer Winter – langer Sommer

Im Verlauf eines Jahres ist der Abstand zwischen Erde und Sonne nicht immer gleich. Er schwankt geringfügig. Anfang Januar kommt die Erde der Sonne am nächsten. Da sich die Erde auf ihrer sonnennäheren Bahn schneller fortbewegt als auf der sonnenferneren im Sommer, ist das Winterhalbjahr auf der Nordhalbkugel der Erde mit 179 Tagen um sieben Tage kürzer als das Sommerhalbjahr.

Augen auf!

Winterwetter

Eisiger Frost, zugefrorene Teiche und Seen, eine Schneeballschlacht und die Weihnachtslichter in Haus und Garten – all das gehört zum Winter.

Frostige Kälte

An einem richtigen Wintertag ist es draußen klirrend kalt. Wie kalt du die herrschenden Temperaturen empfindest, hängt jedoch davon ab, ob Wind weht und wie feucht die Luft ist. Wenn es windig ist, empfindest du die Kälte stärker. Und auch an einem regnerisch feuchten Tag fröstelst du bei gleichen Temperaturen schneller als an einem trockenen.

Schaue auf ein Thermometer und notiere über mehrere Tage in deinem Naturforscherbuch, welche Temperatur herrscht und wie kalt du es draußen empfindest.

Spüre die Kälte

Kalt ist nicht gleich kalt. Das kannst du leicht erfahren. Nimm drei Schüsseln und fülle sie mit eiskaltem, lauwarmem und sehr warmem Wasser. Halte deine Hand in das wärmste Wasser und tauche sie dann in das lauwarme. Was spürst du? Nun tauche sie erst in das eiskalte und dann in das lauwarme Wasser. Wie empfindest du das?

Ganz schön kräftig – das Eis

Dass Wasser bei 0 Grad Celsius zu Eis gefriert, weißt du wahrscheinlich. Aber hast du dir schon ein-

Warum dampft der Atem?

Mit jedem Ausatmen stößt du nicht nur die verbrauchte Luft, sondern auch Wasserdampf aus. In kalter Luft kühlt dieser rasch ab und bildet kleine Tröpfchen, die du als Dampf siehst.

Wenn es draußen sehr kalt ist, zaubert der Frost Eisblumen in vielen Formen an Fensterscheiben und Autofenster. Hauchst du sie mit deinem warmen Atem an, verschwinden sie schnell.

mal Gedanken darüber gemacht, warum sich an der Wasseroberfläche eine Eisschicht bildet und nicht am Gewässergrund? Wenn andere Flüssigkeiten gefrieren, sind sie im festen Zustand dichter und schwerer als im flüssigen. Nicht so das Wasser: Im gefrorenen Zustand dehnt es sich aus und ist somit leichter als im flüssigen. Deshalb schwimmt Eis und deshalb kann es beim Ausdehnen auch Wasserleitungen oder Gesteine sprengen.

Kugeln aus Eis

Fülle mehrere Luftballons mit Wasser und lass sie draußen gefrieren. Entferne die Luftballons, wenn das Wasser gefroren ist. Bunte Kugeln kannst du herstellen, indem du das Wasser mit Lebensmittelfarbe einfärbst oder indem du Glitzersternchen oder Pailetten in das Wasser gibst.

Wieso ist Eis glatt?

Wenn du Eis anfasst, auf deinen Schlittschuhen darauf schlitterst oder wenn ein Auto über das Eis fährt, dann schmilzt das Eis an diesen Stellen durch den Druck. Es bildet sich ein hauchdünner Wasserfilm, auf dem du rutschst – oder eben ausrutschst.

Um das zu verhindern, werden die Wege und Straßen meist mit Salz bestreut. Weil salzige Flüssigkeiten erst bei deutlich tieferen Temperaturen gefrieren als Wasser, kann sich keine Eisschicht bilden. Den Bäumen aber schadet das Salz. Es fließt mit dem Tauwetter in den Boden und bleibt darin enthalten. Im nächsten Jahr hindert es die Bäume daran, genügend Wasser aufzunehmen. Deshalb werden die Blätter vieler Straßenbäume schon früh im Sommer braun. Verwende daher am Besten nur Splitt zum Streuen.

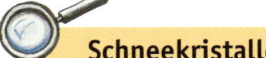

Schneekristalle

Je nach Luftfeuchtigkeit und Temperatur bilden sich unterschiedlich geformte Schneekristalle. Fange sie mit einem dunklen Tuch, das du ausgebreitet in deinen Händen hältst, auf, oder mit einer Glasplatte, die du im Kühlschrank gekühlt hast. Schau dir die Schneesterne, -plättchen, -nadeln und -prismen mit einer Lupe an. Ist die Luft trocken und kalt, bilden sich schöne Sterne. Dann enthält der Schnee viel Luft und ist locker. Bei feuchtem Wetter kleben die Schneekristalle mehr zusammen. Sie fallen nicht einzeln, sondern als mehr oder weniger große „Schneeklumpen" zu Boden und der Schnee ist fest.

Schneeschmelze

Schnee enthält sehr viel Luft. Diese Luft gibt ihm auch die weiße Farbe. Mit einem Experiment kannst du selbst herausfinden, wie viel Luft und wie wenig Wasser im Schnee enthalten ist. Forme dazu einen handgroßen Schneeball und gib ihn in einen Topf. Erwärme den Topf nun ganz langsam auf dem Herd, sodass der Schnee schmilzt. Zurück bleibt nur eine kleine Pfütze Wasser.

Sterne über Sterne

Jetzt ist der Sternenhimmel besonders schön, weil helle Sterne und auffällige Sternbilder am Himmel stehen. Da es früh dunkel wird, kannst du an jedem wolkenlosen Abend die Sterne beobachten.

Farbenworte

In den meisten Gegenden bei uns liegt leider nur an wenigen Tagen im Jahr Schnee. Die meiste Zeit besteht unsere Welt aus grünen Wiesen, Wäldern und bunten Blumen. Daher kennt unsere Sprache viele verschiedene Abstufungen für Grün, Rot und Gelb. Die Eskimos oder Inuits hingegen leben rund um den nördlichen Polarkreis. Ihre Heimat ist meist schneebedeckt und weiß. Das macht sich auch an ihrer Sprache bemerkbar. Sie hat unzählige Worte für die Farbe Weiß und für Schnee: „mangokpok" heißt beispielsweise wässriger Schnee, „massak" weicher Schnee und „mangiggal" harter Schnee. Das Wort Iglu ist übrigens die Bezeichnung für Haus.

Großer Wagen und Polarstern:
Zuerst schaust du in Richtung
Norden und suchst das Sternbild
des Großen Wagen. Er weist dich
zum Polarstern, der ziemlich genau im Norden steht. Über Jahr-
hunderte hinweg orientierten sich
die Seefahrer an diesem Stern.
Kennst du ihn, weißt du nachts
immer, wo Norden ist. In der Nähe
des Polarsterns bilden fünf Sterne
ein kleines, aber auffälliges W –
das ist das Sternbild Kassiopeia.
Sirius und die Planeten: Der
hellste Stern am Himmel ist
Sirius. Sein Licht kann nur von

dem der Planeten Venus, Mars,
Jupiter und Saturn übertroffen
werden, sofern sie nachts am
Himmel zu sehen sind. Erkundige
dich bei einer Sternwarte, in der
Zeitung oder im Internet, wo die
Planeten stehen. Es ist spannend,
sie am Himmel zu entdecken!
Etwas höher als Sirius steht das
Sternbild Orion mit sieben sehr
hellen Sternen. Oberhalb von
Orion siehst du die beiden Sternbilder Zwillinge und Stier. Hier
findest du auch sechs Sterne
in einem kleinen Haufen, dem
bekannten Siebengestirn.

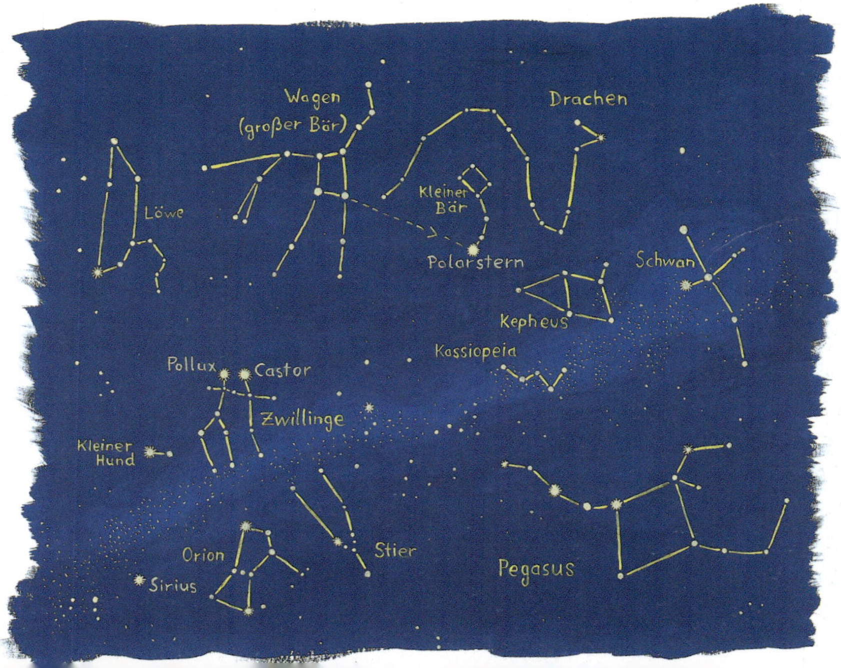

Wagen
(großer Bär)
Drachen
Löwe
Kleiner
Bär
Polarstern
Schwan
Kepheus
Kassiopeia
Pollux   Castor
Zwillinge
Kleiner
Hund
Orion   Stier
Sirius
Pegasus

Augen auf!

Winter vor der Tür

Im Winter steht die Sonne tief. Sie hat nur wenig wärmende Kraft. Daher ist jetzt für die Pflanzen die Zeit der Ruhe. Die unterirdischen Wurzeln warten auf wärmeres Wetter.

Wärmende Schneedecke

Während der Winterruhe sind die Pflanzen unter einer Schneedecke bestens vor den kalten Temperaturen geschützt. Weil Schnee viel Luft enthält, leitet er die Wärme schlecht und isoliert gut. Miss mit einem Thermometer die Temperatur an der Schneeoberfläche und in zehn Zentimeter tiefem Schnee und notiere sie in deinem Naturforscherbuch.

Winterblüten

Doch nicht alle Pflanzen ruhen im Winter. In manchen Gärten öffnen jetzt die Christrosen ihre weißen Blüten.

Was wächst jetzt im Gemüsebeet?

Manche Marktstände bieten das ganze Jahr über dasselbe Gemüse an. Tomaten, Gurken, Paprika und Co. werden meist von weit her transportiert oder wachsen in warmen Gewächshäusern. Wenn du wissen willst, welche Gemüse auch im kalten Winter bei uns gedeihen, besuche einen kleinen Stand auf dem Wochenmarkt, an dem Selbstangebautes verkauft wird. Hier findest du Lauch, Rüben, Karotten, Sellerie, Petersilienwurzeln und verschiedene Kohlarten wie Rosenkohl oder Grünkohl. Feldsalat wird jeden Tag frisch geerntet – auch wenn Schnee liegt!

Die Christrosen stammen aus den Gebirgswäldern der Alpen und können die Kälte gut vertragen. Steigt die Sonne höher, blühen auch die heimischen Schneeglöckchen. Halte nach ihnen an einem sonnig-warmen Februartag Ausschau. Wer entdeckt das erste Schneeglöckchen des Jahres? Bald erblühen auch der gelbe Huflattich, die bunten Krokusse und die weißen Gänseblümchen.

Der Wind trägt sie zu den weiblichen Blüten, die klein sind und kaum auffallen. Suche nach ihnen. Für Honigbienen, die im Gegensatz zu Wildbienen, Hummeln und Wespen (Seite 21) den Winter überleben, ist der Pollen von Haselnuss, Erle und Weiden eine wichtige Nahrung.

Gelbe Staubwolken

Schon im Februar blühen auch Haselnussbüsche, Erlen und Weiden. Die männlichen Blüten hängen herab oder bilden kleine weiche Kätzchen. Schüttelst du an ihren Zweigen, fallen die gelben Pollen in großen Staubwolken heraus.

Ab Februar blühen auch Haselnussbüsche, Erlen und Weiden wieder.

Augen auf!

Erkennst du die Bäume?

Weil die Laubbäume nun keine Blätter mehr tragen, kannst du sie nur noch an Rinde und Knospen bestimmen. Eiche, Buche, Ahorn, Linde und die anderen Baumarten haben völlig unterschiedliche Strukturen in ihrer Rinde. Manche sind glatt, andere weisen ein eigenartiges Muster auf. Schaue sie dir an und präge dir die Muster ein. Schließe die Augen und fühle die unterschiedlichen Rindentypen mit deinen Händen. Mithilfe eines Naturführers über Bäume oder den unter den Bäumen liegenden Früchten und Blättern (Eicheln, Hüllen von Bucheckern, Nüsse, Reste von Ahornflügelfrüchten etc.) kannst du herausfinden, welcher Baum es ist.

Efeu und Misteln

Im laublosen Wald fallen jetzt besonders Efeu und Misteln auf, die das ganze Jahr über ihre grünen Blätter tragen.

Efeu bildet kleine Haftwurzeln, die wie kleine Geckofüße aussehen. Mit ihrer Hilfe klettert der Efeu an Baumstämmen empor, indem er sich in den Ritzen und Spalten der Baumrinde verhakt. Er dringt jedoch nicht in den Stamm ein. Wenn du vorsichtig daran ziehst, merkst du, wie fest die Wurzeln an der Unterlage „kleben".

Misteln leben auf den Bäumen. Ihre Wurzeln dringen in den Baum ein und entziehen ihm Wasser und Nährstoffe.

Die Misteln des Miraculix

In der Adventszeit findest du auf dem Weihnachtsmarkt sicher einen Stand, an dem Misteln verkauft werden. Schau dir diese Pflanzen, die schon Miraculix in den Asterix-Heften aus den Bäumen sichelte, einmal genauer an. Sehr auffällig sind die klebrigen weißen Beeren, die besonders für Vögel ein Festmahl

sind. Mit dem Vogelkot landen die Mistelsamen auf einem neuen Baum und können dort keimen.

Früher glaubte man übrigens, dass Misteln, die über Türen hängen, Dämonen abwehren können. In einer Legende heißt es außerdem, dass Pärchen, die sich an Weihnachten unter einem Mistelzweig küssen, immer zusammenbleiben.

Jahresringe zählen

Bäume werden nur im Winter gefällt, wenn keine Vögel brüten. Die abgesägten Stämme warten dann am Rand der Waldwege auf den Abtransport. Auf dem glatt abgesägten Stamm erkennst du Kreise und Ringe. Das sind die Jahresringe. Sie entstehen, weil die Bäume in unserem Klima im Frühjahr große Zellen anlegen und im Spätsommer kleine mit dicken Wänden. Die großen Frühjahrszellen bilden das helle Holz, die dickwandigen hingegen einen Ring aus dunklem Holz. So kommt jedes Jahr ein heller und dunkler Ring hinzu. Zählst du die dunklen Ringe, kannst du das Alter des Baumes bestimmen.

Augen auf!

Tiere im Winter

Nicht nur die Pflanzen ruhen über den Winter, auch viele Tiere verschlafen die kalte Jahreszeit: Eidechsen, Frösche, Kröten, Spinnen, Insekten und einige Säugetiere halten Winterschlaf. Andere Säugetiere und die Vögel suchen emsig nach Futter oder sie leben von ihren gesammelten Vorräten.

Ereignisse im Dezember:
☐ Aus dem Norden kommen Vögel, die den Winter über bei uns bleiben – Birkenzeisig, Bergfink, Seidenschwanz und Rotdrossel.
☐ Rehe, Drosseln, Krähen und andere Tiere, die das Jahr über einzeln leben, schließen sich zu größeren Gruppen zusammen.

Ereignisse im Januar:
☐ Bei den Füchsen und Wildschweiner beginnt die Paarungszeit.

☐ Auch die Enten und Schwäne werben umeinander, die Stockentenmännchen tragen wieder ihr buntes Federkleid.

Ereignisse im Februar:
☐ An sonnigen Tagen singen die ersten Kohlmeisen, Blaumeisen, Amseln, Kleiber und Feldlerchen.
☐ Buntspechte trommeln wieder.
☐ Die Balzzeit bei den Eulen und Käuzen beginnt, in der Dämmerung hörst du ihre Rufe.
☐ Hirsche werfen ihr Geweih ab.
☐ Ab Ende Februar kehren die ersten Zugvögel (Feldlerche, Wiesenpieper, Star, Bachstelze, Kiebitz, Rohrammer) aus ihrem Winterquartier zu uns zurück.
☐ Bei den Wildschweinen werden die Frischlinge geboren.

So überleben Insekten

Wenn es kalt ist, können sich Insekten nicht bewegen. Daher verstecken sie sich im Boden, in Laub- und Reisighaufen, in Gestrüpp oder Baumhöhlen. Mit zunehmender Kälte werden sie immer starrer und unbeweglicher.

Damit sie nicht durchfrieren, bildet sich in ihrem Körper eine Substanz, die wie ein Frostschutzmittel wirkt. Sie verhindert, dass die Körperflüssigkeiten fest werden.

Mit allen Sinnen!

Wie die meisten Menschen nimmst du deine Umwelt hauptsächlich durch das Sehen wahr. Nutze beim Entdecken der Natur jedoch auch einmal deine anderen Sinne und schließe im Wald, am Waldrand oder auf einer Wiese kurz deine Augen.

Hören: Achte genau darauf, was du hörst. Kannst du die Geräusche beschreiben? Wer könnte sie verursacht haben? Erste Vogelstimmen ertönen im Spätwinter. Mithilfe einer Vogelstimmen-CD kannst du versuchen herauszufinden, welcher Vogel singt. Höre ab Januar auf die schaurigen „Huu-Hu-uuu"-Rufe des Waldkauzes, die manchmal auch in großen Parks zu hören sind. Mit seinen Rufen lockt das Männchen ein Weibchen an.

Tasten: Ertaste die Rinde von Bäumen und verschiedene Früchte wie Eicheln und Bucheckern am Boden. Wie fühlen sich Moospolster an, wie das Falllaub, wie die Knospen an Zweigen und Ästen? Jetzt keimen die Eicheln, Ahornsamen und Bucheckern am Waldboden – schaue unter Eichen, Buchen und Ahorn nach. Die Früchte platzen auf und es entsteht ein Spalt, aus dem bald eine kleine Wurzelspitze wächst.

Augen auf!

Säugetiere

Viele Säugetiere verschlafen den Winter. Winterschläfer haben sich im Herbst eine dicke Fettschicht angefressen (Seite 20). Während des Winterschlafs senken sie ihre Körpertemperatur auf wenige Grad ab, ihr Herzschlag verlangsamt sich deutlich und sie wachen erst im Frühjahr wieder auf.

Winterruher wie das Eichhörnchen hingegen begegnen dir immer wieder. Sie verbringen zwar die meiste Zeit ruhend in ihrem Unterschlupf, ihre Körpertemperatur bleibt jedoch gleich hoch und ihr Herz schlägt gleich schnell. Sie haben keinen Winterspeck – und müssen folglich regelmäßig ihr Versteck verlassen, um sich von ihren im Herbst

gesammelten und versteckten Vorräten zu ernähren.

Die Fledermäuse sind weg!

Auch Fledermäuse verschlafen den Winter. Die meisten heimischen Arten ziehen im Herbst in Höhlen oder Gewölbekeller. Erst im Frühjahr kehren sie zurück. Den Sommer über bewohnen sie ein Quartier auf offenen Dachböden, in Kirchtürmen oder Baumhöhlen. In unseren Siedlungen leben besonders häufig die nur daumengroßen Zwergfledermäuse.

Vögel

Der Winter ist für die Vögel, die bei uns bleiben, eine harte Zeit. Das so dringend benötigte Futter ist knapp: Eine Meise etwa muss sterben, wenn sie einen halben Tag ohne Futter ist (Seite 68).

Auch die Greifvögel haben es im Winter sehr schwer, Beute zu finden. Aus diesem Grund sitzen Mäusebussarde und Falken auf Bäumen, Zaunpfählen und Pfosten entlang der Straßen. Von dort aus beobachten sie die Straße und warten darauf, dass Mäuse und andere Tiere von Autos überfahren werden. Halte Ausschau nach den Greifvögeln, wenn du mit deinen Eltern das nächste Mal im Auto unterwegs bist.

Lautes Geschnatter an Seen und Teichen

Auf Seen und Teichen, die noch nicht zugefroren sind, versammeln sich jetzt zahlreiche Enten. Auch Blesshühner, Möwen und Schwäne mischen sich unter das Entenvolk. Wie viele unterschiedliche Arten kannst du entdecken? Welche Vögel siehst du dort auch im Sommer, welche Arten sind nur im Winter da? Da die meisten Entenarten nun auf Partnersuche für die kommende Brutzeit sind, haben die Männchen ein prächtig gefärbtes Gefieder. Erkennst du sie?

Wie sich Vögel vor der Kälte schützen

Du gehst einfach in die warme Wohnung, wenn dir kalt ist. Vögel hingegen müssen draußen bleiben. Damit sie weniger Wärme abgeben und nicht frieren, plustern sie ihr Gefieder auf. Beobachte die Vögel: Die sonst eher schlanken Amseln, Rotkehlchen und andere Vögel sehen wie kleine runde Flauschbälle aus. Wenn es noch kälter wird, fangen sie an zu zittern, um mehr Wärme zu produzieren, oder sie ziehen sich in ein geschütztes Versteck zurück.

1 Lachmöwe, 2 Krickente, 3 Stockente (Weibchen), 4 Stockente (Männchen), 5 Höckerschwan, 6 Blesshuhn, 7 Tafelente, 8 Reiherente, 9 Knäkente, 10 Kolbenente

Augen auf!

Mein Winter

Wenn die Tage immer kälter werden, Schnee fällt und Teiche und Seen von Eis bedeckt sind, ist es Zeit, Schlitten und Schlittschuhe auszupacken und sich draußen ins winterliche Vergnügen zu stürzen.

Naturforscher im Winter

Zu keiner anderen Jahreszeit kannst du Wildtieren und Vögeln so nah sein wie im Winter: Hirsche und Rehe versammeln sich an den Futterstellen im Wald, unzählige Singvögel besuchen das Futterhäuschen und Mäusebussarde warten lauernd am Straßenrand. An den Spuren im Schnee kannst du erkennen, dass hier Füchse, Mäuse, Hasen und Wildschweine unterwegs waren.

Ein Tag im Winter

Gestalte mit deinen Freunden oder deiner Familie einen ganz besonderen Wintertag, am besten, wenn Schnee liegt. Denn Schnee ist ein ganz tolles Baumaterial.

Außer Schneemännern und Iglus kannst du daraus dein Lieblingstier formen, kleine und große Häuser bauen, einen hohen Turm oder andere Figuren aus deiner Fantasie schaffen. Anschließend geht's in die warme Wohnung zum Basteln und Plätzchenbacken und abends verziert ihr eure Schneegestalten mit Lichtern.

Die richtige Ausrüstung für Winterforscher

Die erste Regel für Winterforscher lautet: Warm anziehen! Wenn du außerdem nicht lange stehen oder gar sitzen bleibst, dich viel bewegst und mit schnellen Schritten gehst, kann dir die Kälte nichts anhaben.

Die richtige Kleidung

Wärmer als eine dicke Jacke über einem dicken Pullover halten dich viele dünnere Sachen, die du übereinanderziehst: Unterhemd, T-Shirt mit langen Ärmeln, Sweatshirt, Fleeceshirt und eine warme winddichte Jacke zum Beispiel. Zwischen jedem Kleidungsstück ist eine dünne Luftschicht, die gut isoliert und die Kälte abhält. Zieh außerdem eine lange Unterhose unter deine Jeans, das hält wärmer als eine dicke Hose.

Die meiste Wärme verliert man, trotz der Haare, über den Kopf. Trage deshalb an kalten Tagen immer eine Mütze, besonders wenn du kurze Haare hast. Dann noch ein wärmender Schal, wasserdichte Handschuhe und warme Socken in gefütterten Stiefeln – und schon bist du ausgerüstet für deine Winter-Entdeckungstour.

Bewegungsspiele

Wenn du mit deinen Freunden oder deiner Familie draußen unterwegs bist, könnt ihr euch mit einfachen Bewegungsspielen gegen die Kälte schützen. Vor allem Hüpf- und Ballspiele, bei denen ihr rennen müsst, halten euch warm. Zeichnet zum Beispiel einen Hinkekasten in den Schnee und hüpft auf einem Bein von Kästchen zu Kästchen. Natürlich könnt ihr auch „Wer hat Angst vorm schwarzen Wolf" oder „Fischer, Fischer, wie tief ist das Wasser?" spielen. Ganz bestimmt habt ihr aber noch viele weitere Spielideen.

Wieder daheim – Aufwärmen muss sein!

Wenn deine Kleidung nass geworden ist, ziehe dir auf jeden Fall trockene an. Vielleicht ist dir aber auch richtig unangenehm kalt? Dann hülle dich in eine Decke ein oder nimm ein warmes Bad. Wenn deine Hände vor Kälte fast steif gefroren sind, wärme sie an einer

warmen Tasse und bewege die einzelnen Finger vorsichtig. Wie wär's mit einem warmen Kakao, Tee oder Punsch?

Checkliste für Winterforscher

- ☐ lange Unterhose
- ☐ warme Socken in gefütterten Schuhen
- ☐ Schal und Mütze/Stirnband
- ☐ Fäustlinge oder Fingerhandschuhe
- ☐ Gummihandschuhe (Einmal-Handschuhe)
- ☐ isolierende Sitzunterlage
- ☐ Tee oder anderes warmes Getränk in einer Isolierkanne zum Aufwärmen
- ☐ Müsliriegel
- ☐ Fettcreme für die Lippen
- ☐ Taschentücher

Leckerer Früchtepunsch

Mach dir einen leckeren heißen Punsch aus Kirschsaft, Traubensaft, aus dem Saft Schwarzer Johannisbeeren oder Holunderbeeren (Seite 33). Erhitze dazu einen Liter Saft mit Nelken, Zimt oder Glühweingewürzen. Schmecke ihn mit Zitronensaft, Honig oder Zucker ab – und fertig ist der Aufwärmpunsch.

Winterforscher auf Entdeckungsreise

Dezember, Januar und Februar gelten allgemein als die drei Wintermonate. In der Natur jedoch ist jeder Winter unterschiedlich lang: Nach einem warmen Spätherbst beginnt er in deiner Gegend vielleicht erst Mitte Dezember.

Wann beginnt bei dir der Winter?

Du kannst leicht selbst feststellen, wann der Winter in deiner Gegend beginnt und wann er endet. Beobachte dazu die Natur und trage das Datum hier oder in dein Naturforscherbuch ein.

Beobachte den Schnee

In manchen Jahren fällt viel Schnee, andere Jahre dagegen sind schneearm. In deinem Naturforscherbuch kannst du festhalten, ob und wie viel Schnee liegt. Miss jedes Mal, wenn Schnee gefallen ist, die Schneehöhe mit einem Lineal. Trage die Schneehöhe mit Datum in dein Buch ein.

Der Winter beginnt, wenn

◆ alle Bäume ihre Blätter verloren haben.
◆ die ersten Christrosen blühen.

Der Winter endet, wenn

◆ die ersten Schneeglöckchen blühen.
◆ die ersten Haselsträucher blühen.
◆ an den Weidekätzchen gelber Pollen zu sehen ist (schnippe mit dem Finger gegen die Kätzchen).
◆ die ersten Vögel wieder singen.
◆ die Kröten zu Gewässern wandern, um Eier zu legen.
◆ Buntspechte wieder trommeln.

Wann geht die Sonne auf und unter?

Tag	Aufgang	Untergang
1. Dezember	ca. 8.00 Uhr	ca. 16.20 Uhr
15. Dezember	ca. 8.15 Uhr	ca. 16.20 Uhr
1. Januar	ca. 8.20 Uhr	ca. 16.30 Uhr
15. Januar	ca. 8.15 Uhr	ca. 16.45 Uhr
1. Februar	ca. 8.00 Uhr	ca. 17.15 Uhr
15. Februar	ca. 7.30 Uhr	ca. 17.40 Uhr
28. Februar	ca. 7.00 Uhr	ca. 18.00 Uhr

Die angegebene Uhrzeit ist die mitteleuropäische Zeit (MEZ), die bei uns im Winterhalbjahr gilt.

Was ist jetzt unter Wasser los?

Von Land oder von einem Steg aus kannst du leicht beobachten, was sich in Bach, Teich oder See tut. Achte darauf, dass du dir eine ebene Stelle am Ufer oder einen Steg über flachem Wasser aussuchst, kein abschüssiges Uferstück und kein tiefes Wasser! Du musst auf jeden Fall sicher stehen oder auf deiner Sitzunterlage knien können.

Drücke ein gläsernes Gefäß, zum Beispiel ein Einkochglas, mit der Öffnung nach oben ins flache Wasser. Es darf dabei kein Wasser ins Gefäß kommen. Schau hinein. Siehst du durch den Boden des Gefäßes die Fische unter Wasser? Entdeckst du noch mehr Tiere?

Verhalte dich ganz ruhig und bewege dich langsam – sonst verscheuchst du sie.

Unterwegs

Schneebauten

Wenn viel Schnee gefallen ist, kannst du
dir eine Höhle in den Schnee graben oder
eine Schneemauer bauen. Stich dazu mit
einem Spaten größere Blöcke aus Schnee
ab, schichte die Blöcke in einem Halbkreis
übereinander und befestige sie mit
Schnee. Die Mauer schützt dich vor kühlem Wind oder vor Schneeballattacken.
Oder sie wird zum Verkaufsstand im Spiel.
Baust du die Mauer höher mit einem geschlossenen Dach, so entsteht ein Iglu.
Du kannst den Schnee auch zu einem
großen Haufen schaufeln, diesen fest-
stampfen und eine Höhle hineingraben.
Den Eingang verhängst du mit einer
Decke. In deinem Schneehaus ist es bald
wärmer als draußen – probier es aus.
Genauso wärmt eine
Schneedecke
auch die Pflanzen.

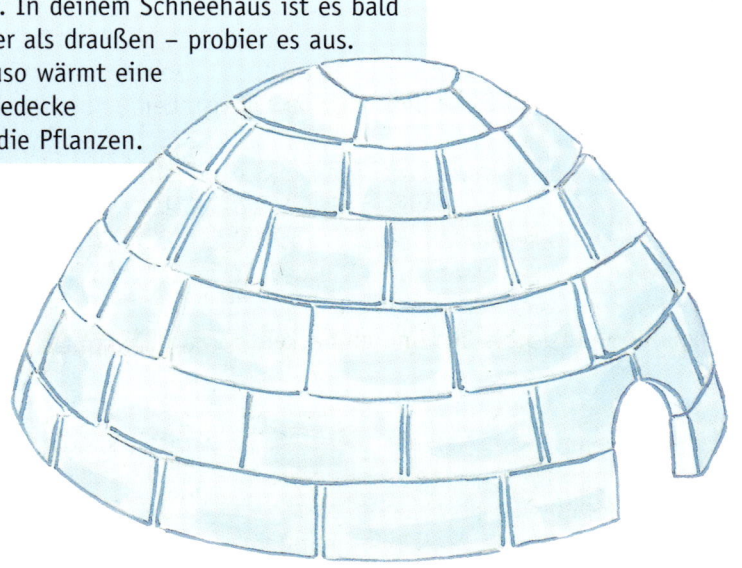

Mobile aus Winterschätzen

Gehe an einem trockenen Wintertag im
Wald oder Stadtpark auf die Suche nach Zapfen, Federn, Eicheln, Gräsern, Moospolstern und
leeren Schneckenhäusern. Sammle auch ein paar kleine, stabile
Äste und Zweige. Zu Hause hängst du deine gesammelten
Schätze mit Bindfaden an die Stöcke und bastelst daraus ein
Mobile. Wenn du magst, kannst du es noch mit Perlen oder
kleinen Glöckchen verzieren. Am schwierigsten ist es, die
leichten und schweren Dinge so anzubringen, dass das Mobile
gerade hängt. Probiere es durch Hin- und Herschieben der Fäden
auf den Stöcken.

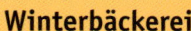

Winterbäckerei

Lange Winternachmittage laden zum Backen ein. Wie wär's mit
Plätzchen in Form von Schneeflocken oder Eiskristallen?

Schneeflocken: Schlage drei Eiweiß mit einem Teelöffel Zitronensaft
und einer Prise Salz steif. Vermische 225 Gramm Puderzucker mit
einem halben Teelöffel Zimt und gib ihn zusammen mit 200 Gramm
Kokosflocken unter den Eischnee. Mit einem Löffel setzt du kleine
Häufchen auf ein Backblech und lässt sie im Backofen bei 150 Grad 15 bis 20 Minuten backen.

Eiskristalle: Bereite nach einem Rezept
aus eurem Backbuch einen süßen Hefe-
teig zu. Lege vier, fünf oder sechs dünne,
rund fünf Zentimeter lange Hefeteig-Würste wie
einen Stern übereinander und backe sie im Backofen bei 200 Grad,
bis sie hellbraun sind.

unterwegs

Vögel am Futterhaus

Im Winter kann man die sonst eher scheuen Vögel aus nächster Nähe an den Futterstellen beobachten. Füttere die Vögel allerdings nur während der Zeit, in der der Boden fest gefroren ist oder eine geschlossene Schneedecke liegt, dann aber regelmäßig. Im Spätwinter oder zeitigen Frühjahr genügt es, wenn du eine kleine Rasenfläche freischaufelst. Die Futterstelle sollte mindestens zwei Meter Abstand zur nächsten Glasscheibe haben und sich an einer übersichtlichen Stelle befinden, damit sich keine Katzen anschleichen können.

Futter für körnerfressende Vögel: Meisen, Finken, Kleiber, Ammern und Sperlinge freuen sich über Sonnenblumenkerne oder eine Körnermischung aus Hanf, Hirse und Gerste in einem Futtersilo oder Futterhaus.

Futter für weichfutterfressende Vögel: Drosseln, Rotkehlchen, Schwanmeisen und Baumläufern kannst du Folgendes anbieten: Mische Haferflocken, geschrotete Körner oder Kleie mit Rindertalg oder lege kleine Apfelstücke, Rosinen und andere getrocknete Beeren (zum Bei-

*1 Kohlmeise, 2 Kleiber,
3 Grünling, 4 Haussperling/Spatz, 5 Blaumeise,
6 Buntspecht, 7 Amsel,
8 Buchfink*

spiel auch Vogelbeeren) an einer geschützten Stelle auf den Boden. Für Buntspecht und Kleiber gibst du die Talg-Körner-Mischung in eine halbe Kokosnuss-Schale und hängst sie an einem Baumstamm auf. Für Meisen bestreichst du Zapfen von Nadelbäumen dick mit der Talgmischung und hängst sie an stabilen Fäden auf.

Verstecke dich in der Nähe der Futterstellen und fotografiere die eintreffenden Vögel. Erkennst du sie alle?

Im Wildgehege

Auch der Besuch eines Wildgeheges lohnt sich jetzt besonders.

An den Futterkrippen finden sich hungrige Hirsche und Rehe ein. Nimm dir Zeit und beobachte sie, am besten frühmorgens: Wie viele Männchen und Weibchen leben im Rudel? Wie lange fressen sie? Gibt es Tiere, die sich besonders mögen oder sich aus dem Weg gehen? In manchen Wildparks kannst du auch Wildschweine betrachten. Mit viel Glück siehst du dort ab Februar die kleinen Frischlinge.

Vogelarten am Futterhaus

- ☐ Kohlmeise
- ☐ Blaumeise
- ☐ Amsel
- ☐ Grünling (Grünfink)
- ☐ Kleiber
- ☐ Haussperling (Spatz)
- ☐ Buchfink
- ☐ Gimpel
- ☐ Buntspecht

Unterwegs

Naturforscher auf Spurensuche

Wenn Felder, Wiesen und Wälder von frischem Schnee bedeckt sind, kannst du zahlreiche Tierspuren entdecken. Geh am besten morgens auf Spurensuche, dann kannst du sehen, welche Tiere nachts unterwegs waren. Die Spuren von Feldhase, Fuchs, Reh, Wildschwein und Marder zum Beispiel kannst du mit etwas Übung rasch voneinander unterscheiden. Miss die Länge der Spur und vergleiche das Abdruckmuster mit der Zeichnung. In Siedlungsnähe stammen die meisten Spuren häufig von Hunden oder Katzen. Kannst du sie von Fuchs- und Marderspuren unterscheiden?

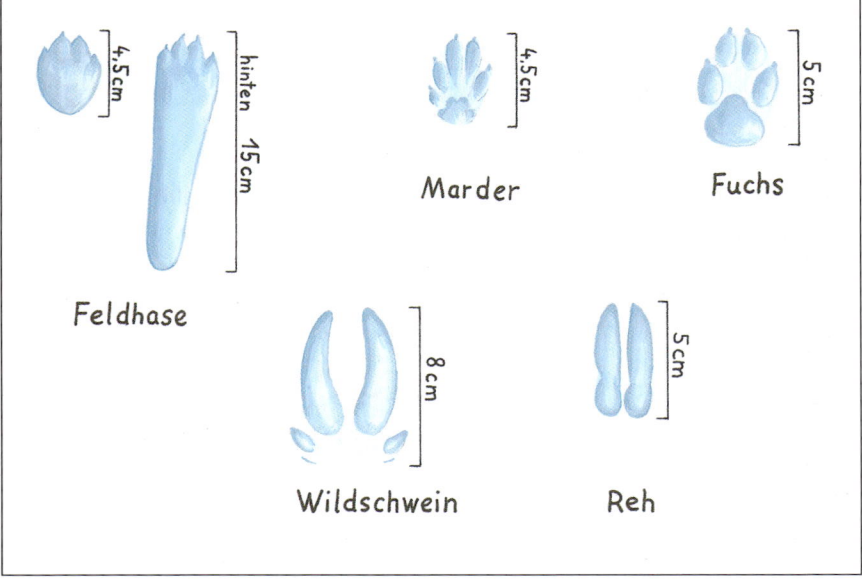

Feldhase

Marder

Fuchs

Wildschwein

Reh

Gewölle

Die Gewölle von Eulen und Greifvögeln kannst du im Winter ebenfalls leicht entdecken. Suche unter Bäumen und Sträuchern entlang von Wegen, in Parks und in

Was Spuren erzählen

Liegen die Fußabdrücke in einer Spur hintereinander, so hat sich das Tier gemächlich fortbewegt. Findest du hingegen Fußabdrücke, die paarweise nebeneinanderliegen, dann war das Tier in Eile. Endet eine Mäusespur in einem zerwühlten Schneefleck, wurde die Maus vermutlich das Opfer eines Greifvogels.

Wer war das?

Mithilfe eines Spuren-Bestimmungsbuches kannst du herausfinden, welches Tier welche Spuren hinterlassen hat. Waren es Spechte, Mäuse oder Eichhörnchen (Seite 29), die die Samen aus Zapfen, Nuss- und anderen Schalen gefressen haben?

Stadtnähe nach ihnen. Gewölle sind die unverdaulichen Reste von Beutetieren, die viele Vögel als kleine Bälle herauswürgen. Nimmst du sie auseinander (mit Gummihandschuhen!), findest du Haare, Federn, Knöchelchen, Insektenreste und Pflanzenteile – sie zeugen von der letzten Mahlzeit des Vogels.

Folgende Vögel speien Gewölle aus:

- ☐ Greifvögel: Mäusebussard, Sperber, Habicht, Falken, Weihen
- ☐ Eulen: Waldkauz und andere Käuze, Waldohreule, Schleiereule
- ☐ Weißstorch
- ☐ Graureiher
- ☐ Möwe
- ☐ Saat- und Rabenkrähe

Spechtschmiede

Auch Spechte haben es im Winter schwer. Sie finden kaum noch Insekten in den Baumrinden und ernähren sich deshalb hauptsächlich von den Samen der Nadelbäume. Sie klemmen die Zapfen in enge Rindenritzen und picken die Samen heraus. Das bezeichnet man als Spechtschmiede. Suche am Fuß der Bäume nach den leer gefressenen Zapfen von Fichten und Kiefern.

Unterwegs

Feiern im Winter

Advent, Nikolaus, Weihnachten, Silvester und Fasching – im Winter gibt es jede Menge Anlässe für Feste und Feiern. Außer diesen traditionellen Bräuchen gibt es aber noch viel mehr Gelegenheiten, um zu feiern.

Festideen

Mach an einem Adventssonntag mit deinen Eltern und Freunden einen Abenteuerausflug in die Natur mit anschließender Aufwärmparty (Seite 150). Oder wie wäre es mit einem Wichtelfest (Seite 152)?
Wenn es geschneit hat, kannst du deine Freunde zum Beispiel auch zu einem Schnee- und Eisfest einladen. Baut Schneemänner und Iglus, macht Schneeballschlachten oder sucht euch den besten Hang zum Schlittenfahren. Oder wie wäre es mit folgenden Spielen?
☐ Schneeball-Ballon-Schlacht: Zwei Mannschaften stehen sich gegenüber, ein aufgeblasener Luftballon liegt auf dem Boden in der Mitte zwischen ihnen. Beide Mannschaften versuchen nun, den Ballon mit Schneebällen zu der anderen Mannschaft hinüberzuschießen.
☐ Staffellauf mit Schneebällen
☐ Minigolf: Modelliert im Schnee eine Minigolfbahn und spielt mit Tischtennisbällen und -schlägern.
☐ Wettkampf auf der Minibobbahn: Auf einer abschüssigen Minibobbahn fahren mit Wasser gefüllte Plastikflaschen oder Luftballons als Minibobs um die Wette.

Winterausflug in Schnee und Eis

Ein Ausflug mit der Familie oder mit Freunden macht im Winter besonders Spaß. Als Ziele locken ein Schlittenhang, ein Wildgehege oder eine überdachte Ausflugshütte.

Warm bleiben

Damit ihr nicht ins Schlottern und Frieren kommt, geht ihr in raschem Tempo. Den Proviant packt ihr entweder in einen Rucksack oder – wenn genügend Schnee liegt – mit Spanngurten auf einen Schlitten. Unterbrecht eure Wanderung hin und wieder für Fang-, Hüpf- oder Ballspiele wie „Der Plumpsack geht um" oder „Wer hat Angst vorm schwarzen Wolf", bei denen ihr rennen müsst. Das hält warm.

Wenn der Hunger kommt

Kälte macht hungrig. Besonders lecker ist jetzt eine wärmende Suppe, zum Beispiel eine Kartoffelsuppe oder ein Früchtepunsch (Rezept Seite 63). Damit die Leckereien warm bleiben, füllt ihr sie in eine Thermoskanne. Liegt genügend Schnee, könnt ihr euch ein Iglu bauen (Seite 66). Darin schmeckt alles noch einmal so gut.

Beobachtungen am Eis

Wenn ihr an einem zugefrorenen Gewässer vorbeikommt, betrachtet die dünne Eisplatte näher. Ist sie gleichmäßig dick? Brich ein Stück heraus und halte es vor die winterliche Sonne. Schau dir an, wie das Licht durch die Eisschichten fällt. Durch Anfassen und Drücken der Eisplatte (ohne Handschuhe), die beim Anfassen ja schmilzt, lassen sich schnell interessante Figuren – Köpfe, Tiere, Fantasiefiguren, Wolken, Blumen etc. – herstellen.

Du kannst die Eisplatte auch leicht selbst herstellen: Stelle ein flaches Gefäß mit wenig Wasser (ca. ein Zentimeter hoch) bei Frost nach draußen oder ins Tiefkühlfach. Falls sich das Eis nicht aus dem Gefäß löst, hältst du den Gefäßboden so lange in warmes Wasser, bis sie sich löst.

Gute Winterziele
- ☐ Wildgehege und Wildpark
- ☐ Bachlauf, Waldsee oder Wasserfall
- ☐ Schlittenhang oder abschüssiger Waldweg jenseits von Straßen
- ☐ Eislaufen auf einem frei gegebenen Teich oder im Eislaufstadion
- ☐ Skitour quer durch die winterliche Natur
- ☐ Eisstockschießen, Curling

Spuren im Schnee

Achtet auf Tierspuren. Wer hat sie wohl hinterlassen (Seite 70)? Macht selbst Spuren im frischen Schnee: Hüpft auf einem Bein oder mit geschlossenen Beinen. Setzt euch in den Schnee – aber nur ganz kurz, sonst geht die Nässe durch eure Kleidung und ihr erkältet euch! Schaut euch den Abdruck an, den euer Po hinterlässt. Ihr könnt euch auch sachte, und wieder nur ganz kurz, in den Schnee legen und eure Arme und Beine wie ein Hampelmann bewegen. Erkennt ihr das Engelchen? Probiert auch aus, wie schwer es sich im knietiefen Schnee gehen lässt. Ganz schön anstrengend, oder?

Feiern und Erleben

Wichtelfest

Anlässe für ein Wichtelfest gibt es genug: Nikolaus, Weihnachtsfeiern in der Schule oder im Verein, Weihnachten in der Familie, Neujahr oder Fasching.

Gebackene Einladungs- oder Tischkarten

Schlage 125 Gramm Butter, bis sie ganz weich ist, und knete 50 Gramm Zucker und 175 Gramm Mehl darunter. Rolle den Teig aus und stich große Sterne oder andere Figuren aus. Backe sie etwa 25 Minuten lang im 150 Grad heißen Backofen. Die abgekühlten Plätzchen bestreichst du mit Zuckerguss. Für den Guss rührst du so viel Saft einer ausgepressten Zitrone unter 250 Gramm Puderzucker, bis der Guss ziemlich steif ist (du kannst den Guss auch mit Speisefarbe färben). Mit bunten Liebesperlen oder Schokostreuseln schreibst du die Namen auf deine Einladungs- oder Tischkarten oder verzierst sie damit.

Wichteln – so geht's

Einige Tage bevor das große Wichtelfest steigt, schreibst du die Namen von allen Gästen auf jeweils einen Zettel. Alle Zettel kommen in ein Körbchen oder anderes Gefäß und jeder zieht einen Namen. Für die Person, deren Namen man gezogen hat, muss man ein Geschenk mitbringen. Wichtig ist, dass ihr zusammen festlegt, ob das Geschenk selbst gebastelt sein soll oder wie teuer es sein darf. Zum Wichtelfest bringt dann jeder sein Geschenk mit.

Schatzsuche

Verstecke vor dem Fest kleine Gegenstände wie Knöpfe, Wäscheklammern, Stifte und anderes in dem Raum, in dem ihr feiert. Jeder Gast bekommt eine Liste, auf der die versteckten Gegenstände aufgeführt sind. Nun begeben sich alle auf die Suche. Hast du einen Gegenstand gefunden, schreibst du heimlich auf, wo du ihn gesehen hast, lässt ihn aber dort liegen. Wer am Ende die meisten Gegenstände gefunden hat, hat gewonnen.

Leckereien fürs Fest

☐ selbst gebackene Plätzchen (Rezepte Seite 67)
☐ Schokofondue (geschmolzene Kuvertüre, in die man Obststücke taucht)
☐ Wichtelpizza (Salamischeiben für die Augen, eine Gurke für die Nase, eine Tomatenscheibe für den Mund …)
☐ witzige Röstkartoffeln (Kartoffelscheiben vor dem Braten in Stern-, Mond- oder Pilzform ausschneiden) mit Kräuterquark
☐ Igelfrischkäse (Frischkäse zu einer Kuppel formen und Salzstangen als Stacheln aufsetzen)

Bratäpfel

Rezept für vier Bratäpfel: Höhle vier Äpfel aus und entferne dabei das Kerngehäuse. Fülle die Äpfel mit Marzipan-Masse. Mische dazu 75 Gramm Marzipan mit 50 Gramm Puderzucker und je zwei Esslöffeln Rosinen, Schokostreuseln und gehobelten Mandeln. Setze je einen halben Teelöffel Butter auf die gefüllten Äpfel, gib sie in eine Auflaufform und backe sie im 180 Grad heißen Backofen, bis die Schale leicht aufreißt.

Feiern und Erleben

Hermelin 96
Heuschrecke 53
Hirsch 90
Höhle 52
Holunder 104
Hummel . . . . 13 ff., 36 f.
Hundsrose 104
Hyazinthe . . . . 30 f.

I
Igel 110
Igelfutter 110
Iglu 142
Indianerfest . . . . 78 f.
Insekt 97, 133
Instrument aus Holz 117

J
Jahreswechsel 123
Jahreszeit 93
Januar 132
Johannisfeuer 47
Johanniskraut 69

K
Kälte 124
Kamille 69
Kaulquappe 34
Kleiber 144
Kleidung 100, 138
Kleiner Fuchs 36
Knospe 14
Kohlmeise 144
Krötenwanderung 35
Kürbis 119

L
Libelle . . . . 34, 56 f.
Liguster 104
Löwenzahn 69
Luftdruck 48
Lupe . . . . 100 f.

M
Maifeuer . . . . 42 f.
Marder 146
Marienkäfer 60
Märzenbecher 16
Mauersegler 59
Maus 53
Mistel . . . . 130 f.
Morgenrot . . . . 50 f.
Morgentau 176

N
Nachtwanderung . . . . 76 f.
Naturforscherbuch 27, 101
Nebel 87
Nistkasten 113
November 93

O
Obstbaumblüte . . . . 12 ff.
Oktober 92
Osterausflug . . . . 40 f.

P
Pfaffenhütchen 104
Pilz . . . . 88 f.

R
Regenbogen . . . . 8 f.
Reh 93, 146
Rezepte
    Beeren-Obst-Salat 70
    Beeren-Pfannkuchen 70
    Blütenbrote 32
    Bratäpfel 153
    Früchtepunsch 139
    Gänseblümchenquark 32
    Holunderbeerkonfitüre 33
    Osterbrot 41
    Stockbrot 116
    Studentenfutter 109
    Winterbäckerei 143
Ringelnatter 34
Rotkehlchen 113
Rückenschwimmer 72

2. Auflage 2009
© Ensslin im Arena Verlag GmbH, Würzburg 2009
Alle Rechte vorbehalten
Gesamtproduktion: Hampp Media GmbH Stuttgart
Layout und Satz: Petra Kita, Stuttgart
Lektorat und Redaktion: Claudia Fahlbusch, Dürrn
Fotos Innenteil: Arco Digital Images: Seite 6 o., 17, 22, 44 o., 52, 54, 58, 59, 80 u., 94, 96, 110,
120 o., 128, 131; Delpho, Manfred: Seite 6, 44, 80, 120; Hampp Media GmbH: Seite 88, 106 u.,
114, 119; iStock: Seite 11, 14 re., 15, 20, 32 o., 33, 35, 97 u., 106 o., 108, 130, 134, 143; Kita,
Petra: Seite 32 u.; MEV: Seite 12, 14 li., 49, 50, 54, 73, 87, 93, 97 ob., 123; mt-color: Seite 28,
89, 95, 141; photodisc: Seite 131 u.; Velten, Heidi: Seite 6 u., 24, 38, 44 u., 62, 74, 80 o., 98,
116, 120 u., 136, 138, 148
Illustrationen: Beyer, Viola: Seite 7, 8/9, 15, 16, 18, 21, 23, 26, 31, 33, 34, 36, 37, 41, 48, 53,
55, 56/57, 60, 61, 65, 79, 70/71, 72, 73, 79, 81, 83, 87, 90, 91, 92, 94, 95, 99, 103, 104, 105,
107, 111, 113, 117, 121, 127, 129, 135, 142, 144, 146; Doering, Svenja: Kopfleiste Seite 8 bis
152, Seite 10, 13, 19, 22, 30, 40, 42, 46, 51, 58, 64, 68, 76, 84, 88, 93, 96, 100, 104, 109, 112,
118, 122, 125, 130, 139, 145, 151, 152
Gesamtherstellung: Westermann Druck Zwickau GmbH
ISBN 978-3-401-45390-3

www.arena-verlag.de

Verlag und Autorin weisen darauf hin, dass die Informationen in diesem Buch sorgfältig geprüft
wurden. Eine Garantie für Schäden, die durch das Befolgen der Hinweise in diesem Werk auftreten,
kann jedoch nicht übernommen werden.

ENSSLINs kleine Naturführer

978-3-401-45139-8

978-3-401-45142-8

978-3-401-45229-6

978-3-401-45254-8

978-3-401-45257-9

978-3-401-45283-8

Arena

Jeder Band:
Ab 9 Jahren. 32/40 Seiten.
Durchgehend farbig illustriert.

ENSSLINs kleine Naturführer

978-3-401-45376-7

978-3-401-45377-4

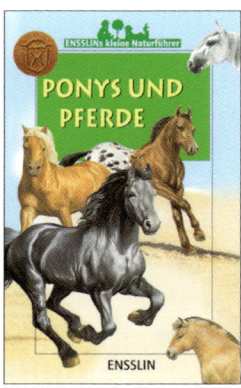

978-3-401-45172-5

978-3-401-45339-2

978-3-401-45153-4

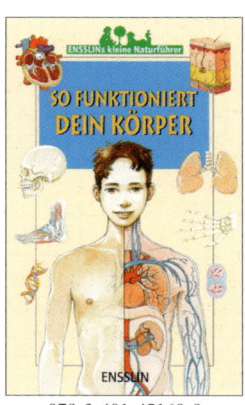

978-3-401-45168-8

Arena

Jeder Band:
Ab 9 Jahren. 32/40 Seiten.
Durchgehend farbig illustriert.